KB055198

07

Abnormal Psychology

사회불안장애

김은정 지음

_ 남 앞에 나서기가 힘들어요

학지사

'이상심리학 시리즈'를 내며

21세기를 살아가는 우리는 급격한 변화와 치열한 경쟁으로 이루어진 현대사회에 적응해야 하는 커다란 심리적 부담을 안고 있다. 이러한 현실 속에서 현대인은 여러 가지 심리적 문제와 장애에 직면하게 될 가능성이 높다.

정신건강에 대한 사회적 관심이 증대되면서, 이상심리나 정신장애에 대해서 좀 더 정확하고 체계적인 지식을 접하고자 하는 사람들이 늘어나고 있다. 그러나 막상 전문서적을 접하게 되면, 난해한 용어와 복잡한 체계로 인해 쉽게 이해하기 어려운 것이 현실이다.

이번에 기획한 '이상심리학 시리즈'는 그동안 소수의 전문가에 의해 독점되다시피 한 이상심리학에 대한 지식을 일반 독자들에게 소개하기 위한 것이다. 이를 위해서 다양한 정신장애에 대한 최신의 연구 내용을 가능한 한 쉽게 풀어서 소개하려고 노력하였다.

    '이상심리학 시리즈'는 서울대학교 심리학과 임상 · 상담 심리학 교실의 구성원이 주축이 되어 지난 2년간 기울인 노력의 결실이다. 그동안 까다로운 편집 지침에 따라 집필에 전념해준 집필자 모두에게 감사드린다. 아울러 어려운 출판 여건에도 불구하고 출간을 지원해주신 학지사 김진환 사장님과 한 권 한 권마다 좋은 책이 될 수 있도록 성심성의껏 편집을 해주신 편집부 여러분에게 고마움을 표한다.

    인간의 마음은 오묘하여 때로는 "아는 게 병"이 될 수 있다. 그러나 이러한 우려보다는 "아는 게 힘"이 되어 보다 성숙하고 자유로운 삶을 이루어갈 수 있는 독자 여러분의 지혜로움을 믿으면서, '이상심리학 시리즈'를 세상에 내놓는다.

2000년 4월
서울대학교 심리학과 교수
원호택, 권석만

2판 머리말

누구나 사람들 앞에서 말을 하려고 할 때 불안해지고 긴장되었던 경험이 있었을 것이다. 하지만 이런 불안이 지나쳐서 하고 싶은 일을 제대로 할 수 없고 생활의 많은 부분에서 제약을 받는다면, 이는 도움이 필요한 것이다.

사회불안장애는 다른 사람들 앞에서 무엇을 할 때 지나치게 불안해하고 긴장하는 장애로, 일반인도 흔히 경험한다. 이 장애는 다른 사람들이 자신을 나쁘게 평가할까 봐 두려워하는 것이 주된 특징이다. 사회불안장애를 겪는 많은 사람이 학업, 직업, 대인관계 등의 다양한 생활영역에서 고통받고 있지만, 대부분은 자신의 문제를 감추기에만 급급하고 전문적인 도움을 구하지 않고 그냥 살아간다. 하지만 사회불안장애는 체계적이고 꾸준한 노력을 통해서만이 고칠 수 있다.

이 책에서는 사회불안장애를 가진 사람이나 일반인이 사

회불안장애를 이해하고 이 문제를 스스로 극복하기 위한 방법을 자세히 다루었다. 특히 이 책에서는 사회불안장애에 대한 최근의 다양한 심리학적 지식을 골고루 소개하면서도 독자들이 이해하기 쉽도록 전문적인 용어나 지식을 풀어서 설명하려고 애썼다.

　따라서 이 책은 사회불안장애를 스스로 극복하는 자가치료책이 될 수 있으며, 여기에 제시된 방법들을 자신에게 적용하여 꾸준히 연습한다면 사회불안장애는 확실히 좋아질 수 있을 것이다. 다른 한편으로 이 책은 사회불안장애에 대한 입문서가 될 수 있으며, 상담 및 치료와 관련된 일을 하는 전문가들은 사회불안장애의 치료를 위한 지침서로 활용할 수 있을 것이다.

2016년

김은정

차 례

1 사회불안장애란 무엇인가 ― 11

사회불안장애란
무엇인가

1. 사례로 보는 사회불안장애

사회불안장애가 무엇인지를 알 수 있는 가장 쉬운 방법 중 하나는 사회불안장애를 가진 사람의 사례를 살펴보는 것이다. 다음에 제시된 5개의 사례를 통해 사회불안장애가 생활에서 어떻게 나타나는지를 살펴보고, 사회불안장애의 특성을 하나씩 검토해보자.

박 군은 대학 2학년생으로 현재 휴학을 심각하게 고민 중이다. 그는 평소에 내성적이고, 말수가 적으며, 다른 사람에게 싫은 소리를 하지 못하고 대부분 가슴속에 묻어두는 편이다. 친구도 거의 없으며, 낯선 사람과 마주칠 때는 가슴이 두근거리고 진땀이 나서 누가 자신에게 다가오면 일부러 피했다. 특히 사람들 앞에서 얘기나 발표를 하려고 하면 가슴이 심하게 두근거리고 떨려서 목소리가 잘 나오지 않아 말을 제대로 하기 힘들었다. 그래서 발표나 토론이 있는 수업은 거의 피했으며, 어쩔 수 없이 수강하게 되더라도 되도록 거의 말을 하지 않았고, 수업시간에는 일부러 늦게 들어갔으며, 쉬는 시간에는 열심히 책을 보는 척하였다. 그는 항상 혼자 다녔으며 혼자 다니는 것 때문에 다른 사람들이 자기를 더 이상하게 볼까 봐 두려웠다. 그래서 혹시 학교에서 아는 사람을 보게 되면 일부러 피하고 돌아서 갔다. 이렇게 학교생활에 적응하기가 점점 힘들어져 휴학을 심각하게 고민 중이다.

윤 과장은 중소기업의 중견 과장이다. 그는 성실하고 유능하여 회사에서 어느 정도 인정을 받고 있다. 하지만 그는 10년 동안 남한테 제대로 털어놓지 못하는 고민으로 전전긍긍해왔다. 그는 여러 사람 앞에서 브리핑을 하려고 하면 얼굴이 달아오르고 목소리가 떨려서 항상 준비한 것을 제대로 하지 못하고 서둘러 끝내버렸다. 브리핑을 끝내고 나서도 브리핑 하나 제대로 못한다고 자신을 심하게 책망했고, 그 일로 다른 사람들이 자신을 우습게 보지 않을까 걱정하였다. 그는 그뿐만 아니라 브리핑을 하기 2, 3주 전부터 입맛이 없어지고 잠을 잘 자지 못하고 불안해하였다. 승진하게 되면 중역들 앞에서 브리핑을 할 기회도 많아질 텐데, 이런

까닭에 그는 승진을 매우 바라면서도 한편으로는 두려워하
였다.

　김 양은 실용음악과에 재학 중인 대학생으로 중요한 오
디션 때마다 심한 불안을 느껴 상담소를 찾았다. 그녀는 과
에서 항상 수석으로 누구보다도 뛰어난 가창실력을 가지고
있는 싱어송라이터다. 그러나 그녀는 중요한 오디션 때마다
노래를 하려고 하면 얼굴이 붉어지고, 긴장되며, 목소리가
떨려서 사신의 실력을 제대로 발휘할 수가 없었다. 그런 까
닭에 자신보다 실력이 부족한 선후배들이 주요 오디션에서
발탁되어 가수로 데뷔하는 기회를 가졌지만 그녀는 아직도
오디션을 계속 보며 기회를 보고 있다. 또한 그녀는 과모임
이나 동우회 모임에도 잘 나가지 못하였다. 이런 모임에서
자기소개를 하거나 노래를 부를 때면 심하게 떠는데 이를 다
른 사람들이 이상하게 생각할까 봐 가지 못한다. 이렇게 계
속 오디션에서 탈락하고 사람들의 모임에도 계속 빠지게 되
자 최근에는 아예 꿈을 접고 직업을 바꾸어야 하는 것은 아
닌지 심각하게 고민하고 있다. 하지만 지금까지 평생을 꿈
꿔온 자신의 꿈을 포기할 수는 없었다.

　박 군은 27세의 은행원이다. 그에게는 말 못할 고민이 있

다. 그는 다른 사람들 앞에서 말을 하거나 무언가를 하려고
하면 얼굴이 심하게 붉어져서 제대로 일을 할 수 없었다. 그
는 자기의 얼굴이 붉어지는 것을 남들이 볼까 봐 전전긍긍
하며 얼굴이 잘 보이지 않도록 머리카락과 안경으로 가리려
고 애썼다. 자신의 얼굴이 붉어지는 것을 보면, '남자가 되
어 가지고 저렇게 숫기가 없어'라고 생각할까 봐 두려운 것
이다. 그는 특히 여성과의 만남에서 얼굴이 더 붉어진다고
한다. 그는 상대편 여성이 자신을 음탕한 사람으로 볼까 봐
걱정된다고 하였다.

　고등학생인 신 군은 자신의 시선이 너무 날카로워서 다
른 사람들을 불편하게 만들기 때문에 다른 사람들을 만나거
나 쳐다보는 것이 힘들다고 한다. 그래서 길거리를 걸을 때
도 다른 사람들을 쳐다보는 것이 힘들고, 수업시간에도 선
생님의 얼굴을 쳐다볼 수 없으며, 사람이 많이 타는 전철을
타기 힘들어 했다. 그는, 자기가 친구들을 쳐다보면 얼굴을
돌리는 것도 자기 시선 때문에 불편해서 돌리는 것이며, 수
업시간에 선생님이 언성을 높이는 것도 자신의 시선이 너무
날카로워 불편하게 했기 때문이고, 지하철에서 앞에 앉은
사람이 신문을 보는 것도 자기의 시선을 피하기 위해서 일
부러 가리는 것이라고 했다.

앞에서 살펴본 평범한 사람뿐 아니라 세인의 주목을 한 몸에 받았던 스타들도 사회불안장애로 어려움을 겪었다. 영화배우이자 가수 겸 영화제작자로 유명한 바브라 스트라이샌드는 무려 27년 동안이나 사회불안장애로 인해 라이브 공연을 피해 왔다. 마돈나, 마이클 잭슨, 파바로티와 같은 대스타들도 종종 심한 무대공포를 경험하였다. 평범한 사람뿐 아니라 무대의 베테랑이라고 할 수 있는 대스타들까지도 고통받게 하는 사회불안장애의 정체는 무엇일까? ◈

2. 사회불안장애의 진화적 의미

사회생활을 하다 보면 불안을 느끼는 상황들이 많이 있다. 예를 들어, 당신이 내일 중요한 발표를 해야 하는데 준비가 잘 안 되었다고 생각해보자. 이런 상황에서는 누구나 불안을 느낄 것이다. 이러한 상황에서 불안을 느끼는 것은 지극히 당연한 것으로, 그 상황을 객관적이고 현실적으로 평가하는 것일 수 있다. 만약 우리가 이런 상황에서 불안을 느끼지 못한다면 준비를 하지 않게 될 것이고, 그러다 보면 발표를 제대로 할 수 없을 것이다.

그러나 사회불안장애가 있는 사람은 사회적 상황에서 있을 수 있는 위험을 체계적으로 과대평가하는 경향이 있다. 위험을 과대평가하게 되면 자동반사적으로 '불안 프로그램'이 활성화된다. 이 불안 프로그램은 우리가 과거로부터 물려받은 유전적인 반응체계로서, 원래는 원시적 환경에서 위험으로부터 우리를 보호하기 위해 고안된 반응체계다. 이러한 불안 프로그램은 싸우거나 도망가거나 거절하기 위한 준비로서 자율신경계가 활성화되는 것, 현재 하고 있는 행동을 억제하는 것, 다양한 상황 중에서 위험요소에 대해서만 선택적으로 주의를 기울이는 반응들을 포함하고 있다. 이와 유사하게, 현대사회에서도 불안반응은 실제적인 위험이 있는 많은 상황에서 유용한 기능을 수행할 수 있다.

그러나 위험이 실제로 없거나 미약한데도 매우 위험한 것처럼 잘못 지각하게 되는 경우라면 불안 프로그램에 의해서 활성화된 반응은 상황에 부적절하고 부정적인 기능을 수행하게 된다. 즉, 불안반응으로 인해 오히려 기능이 저하되어 불안 증상을 더 드러내게 되고, 이에 대해 다른 사람들이 부정적으로 볼 것이라고 예상하게 된다. 다른 사람들의 부정적 평가에 대한 예상은 또 다른 위협이 되어 악순환을 형성하게 되고 불안반응이 증폭된다.

예를 들어, 우리가 중요한 발표를 할 때 적당한 불안이 있으면 더 잘 준비하게 되고 더 신경을 써서 하게 되므로 발표를 좀 더 잘할 수 있게 된다. 반면에, 그런 발표 상황을 매우 위협적인 상황이라고 생각하게 되면, 즉 다른 사람들이 자신을 부정적으로 볼 것이라고 생각하게 되면 오히려 생각이 나지 않고 말문이 막혀버릴 수 있다.

사회불안장애가 생기기 위해서는 2가지 필요조건이 있다. 사람은 다른 사람에게 좋은 인상을 주고 싶은 강렬한 욕구를 가지면서 자신이 과연 그렇게 좋은 인상을 줄 수 있을지 의심할 때 사회불안장애를 경험한다. 즉, 사회불안장애는 바람직한 인상을 만들려는 욕구와 그렇게 할 수 있는 자신의 능력에 대한 불안정감이라는 2가지 요인의 함수관계라고 할 수 있다.

사회불안장애가 있는 사람은 다른 사람으로부터 사회적 인정을 받는 데 과도하게 관심이 있는 사람들이다. 다른 사람의 인정이나 수용에 관심이 없는 사람이라면, 자신에게 설사 사회적 기술이 부족하다고 해도 불안을 느끼지 않는다. 달리 말하면, 다른 사람으로부터 부정적으로 평가받는 것이 자신에게 매우 위협이 되는 사람만이 사회불안장애를 겪게 되는 것이다.

한편, 다른 사람으로부터 인정을 받고자 하는 욕구가 많더라도 자신이 다른 사람으로부터 좋은 평가를 받을 만한 자신감이 어느 정도 있는 사람은 사회불안장애로 고생하지 않는다. 많은 대중 스타들은 비교적 다른 사람들로부터 인정을 받고자 하는 욕구도 많지만, 그렇게 할 수 있는 능력이 자신에게 있다고 믿기 때문에 사회불안장애로 고생하지는 않는다.

결국 사회불안장애가 있는 사람은 다른 사람들에게 좋은

인상을 주려는 욕구를 강하게 가지고 있으면서도 자신에게는 좋은 인상을 주는 데 필요한 사회적 능력이 부족하다고 생각하는 사람이라고 할 수 있다. ◈

3. 사회불안장애의 진단기준

어떤 사람들이 사회불안장애로 진단받는지 알아보도록 하자.

첫째, 사회적 상황에서 느끼는 불안이나 공포가 지나치게 강한 경우 사회불안장애에 해당된다고 할 수 있다. 예를 들어, 낯선 이성을 만나는 상황이나 여러 사람 앞에서 중요한 발표를 할 때면 누구나 어느 정도의 긴장이나 불안을 경험할 수 있지만, 그 정도가 심하여 온몸이 굳어져서 말을 제대로 할 수 없는 정도가 된다면 사회불안장애에 해당된다고 할 수 있다.

둘째, 공포반응이 그 사람이 처한 상황에서 합리적이고 정상적인 반응이라면 사회불안장애로 진단 내리지 않는다. 예를 들어, 발표 준비를 전혀 하지 않은 사람이 많은 사람이 모인 곳에서 발표를 하려고 할 때 불안을 느끼는 것은 정상적인 반응이다. 따라서 사회불안장애라고 진단 내리지 않는다.

셋째, 사회적 상황에서 느끼는 불안이나 공포로 인해 학업, 직업 및 사회생활에서 현저한 지장을 받는 경우에는 사회불안 장애에 해당된다고 할 수 있다. 예를 들어, 강의시간에 발표하는 것이 두려워서 그 과목을 꼭 들어야 함에도 듣지 못하거나 무단결석을 한다든지, 승진할 수 있는 좋은 기회가 왔는데도 다른 사람들과 많이 접촉해야 하는 일이기 때문에 사양하는 경우에는 사회불안장애에 해당된다고 할 수 있다.

사회불안장애가 있는 사람의 경우 가장 문제가 되는 영역은 역시 대인관계다. 이들은 사회적으로 심하게 억제되어 있어서 다른 사람들과 다양하고 깊이 있는 교제를 할 수 있는 기회를 스스로 제한시킨다. 실제로 99명의 사회불안장애 내담자들을 대상으로 조사한 결과에 따르면, 91%가 사회불안장애로 인해 성적이 부진하다고 보고하였고, 96%는 직업적으로 심각한 영향이 있다고 보고하였다. 또한 사회불안장애 때문에 대인관계에 문제가 생겼다고 느낀 내담자도 80%에 달하였다.

넷째, 대부분의 사회적 상황이나 수행 상황을 회피하지만, 때로는 두려움을 인내하게 된다. 사회불안장애를 가진 사람이 모든 사회적 상황을 다 회피하는 것은 아니다. 사회불안장애가 있는 사람 대부분이 이런 두려운 상황을 피하려고 애쓰지만, 피하지 못할 경우에는 극도의 두려움이나 불안을 감내하면서 그 상황을 견뎌내기도 한다. 예를 들어, 어떤 사람이 회사에서 중요한 발표를 꼭 해야 하는 경우에는 어쩔 수 없이 하지만, 발표일을 앞두고 몇 주 전부터 잠을 자지 못하고 걱정을 한다면, 이 사람은 사회불안장애라고 진단을 내릴 수 있을 것이다.

다섯째, 사회불안장애를 가지는 사람아동은 예외은 자신의 공포가 과도하고 비합리적인 것이라는 사실을 알고 있다. 예를 들어, 경찰이 자신을 지켜보고 있을 것이라고 믿기 때문에 사람들 앞에서 먹는 행동을 피하면서 이러한 공포가 과도하거나 비합리적인 것이라는 사실을 깨닫지 못하는 사람에게는 사회불안장애 대신에 망상장애의 진단이 내려질 것이다.

여섯째, 사회불안장애를 가진 사람은 타인이 자신을 불안하고 나약하고 '미친' 혹은 바보 같은 사람이라고 판단할까 봐 두려워한다. 이들은 타인이 자신의 몸이나 목소리가 떨리는 것을 알아차리지 않을까 걱정하기 때문에 사람들 앞에서 말하는 것을 두려워하며, 타인과 대화를 나눌 때에는 자신이 말을 똑똑히 하지 못하는 것으로 비추어질까 봐 두려워한다.

일곱째, 사회적 상황에 처하기 훨씬 이전에 현저한 예기불안을 보이는 경우가 허다하다. 예를 들어, 이들은 어떤 모임에 참석하기 몇 주 전부터 매일 걱정을 하고, 한 달 뒤에 있을 중요한 발표 때문에 잠을 못 자고 불안해하기도 한다. 이런 예기불안으로 인해 부정적인 생각을 더 많이 하게 되고 더 불안해진다. 이런 불안 증상들로 인해 이들은 사회적 상황에서 실제로 잘 대처하지 못하거나 대처하지 못했다고 생각하게 된다. 이렇게 해서 사회적 상황에서 잘 대처하지 못하게 되면, 다시 그러한 상황을 접하게 될 경우 예기불안이 생기게 되고 악순환의 고리가 계속 유지된다.

제시된 미국정신의학회의 『정신장애의 진단 및 통계 편람-제5판DSM-5』의 진단기준을 통해 전문적인 사회불안장애 진단을 내릴 수 있다.

 사회불안장애 진단기준 (DSM-5; APA, 2013)

A. 개인이 다른 사람들에 의해서 관찰되고 평가될 수 있는 한 가지 이상의 사회적 상황에 대해서 현저한 공포나 불안을 지닌다. 이들이 두려워하는 주된 사회적 상황은 사회적 상호작용 상황(예: 다른 사람과 대화하거나 낯선 사람과 만나는 일), 관찰당하는 상황(다른 사람 앞에서 먹거나 마시는 일) 및 다른 사람 앞에서 수행을 하는 상황(예: 발표하는 일)이다.

B. 이러한 사회적 상황에서 다른 사람들로부터 부정적 평가를 받을 수 있는 행동을 하거나 불안 증상을 나타내게 될까 봐 두려워한다. 즉, 부적절한 행동을 통해서 다른 사람들로부터 창피와 경멸을 받거나 거부를 당하거나 타인에게 피해를 줄까 봐 두려워한다.

C. 사회적 상황에서는 거의 두려움이나 불안을 나타낸다.

D. 사회적 상황을 피하거나 심한 고통이나 불안을 겪으며 견뎌낸다.

E. 두려움이나 불안은 사회적 상황의 실제적인 위험과 사회문화적 맥락을 고려할 때 과도한 것이다.

F. 두려움, 불안 또는 회피행동이 6개월 이상 지속된다.

G. 두려움, 불안 또는 회피행동으로 인해 심한 고통을 경험하거나 사회적, 직업적 또는 다른 중요한 영역에서 현저한 손상을 초래한다.

H. 두려움, 불안 또는 회피행동은 물질(예: 남용하는 약물, 치료약물)이나 다른 의학적 상태의 생리적 효과에 기인한 것이 아니다.

I. 두려움, 불안 또는 회피행동은 다른 정신장애에 의해서 더 잘 설명되지 않는다(예: 공황장애, 신체변형 장애, 자폐스펙트럼 장애).

J. 다른 의학적 상태(예: 파킨슨병, 비만, 화상이나 상처로 인한 외모문제)가 있더라도 두려움, 불안 또는 회피행동은 명백히 관련이 없거나 과도하다.

이런 전문가적 진단기준 외에도 일반인들이 자신의 사회불안장애 성향을 알아보는 자가질문지도 있다. 이 질문지에 답해 보면서 자신에게 사회불안장애 성향이 얼마나 있는지를 알아보자. ◆

사회적 불안 및 회피 척도

아래 문항들은 사람들이 대인관계에서 접하는 상황들로 구성되어 있습니다. 아래의 각 문항들을 주의 깊게 읽고, 평소의 자신을 잘 나타낸다고 생각되는 정도를 아래 척도상의 적당한 숫자에 ○표 해주십시오. 한 문항도 빠뜨리지 말고 응답하시되, 최대한 솔직하게 응답해주시기 바랍니다.

1	2	3	4	5
전혀 그렇지 않다	약간 그렇지 않다	웬만큼 그렇다	매우 그렇다	매우 심하게 그렇다

1. 익숙하지 않은 대인관계 상황에서도 편안함을 느낀다.   1 2 3 4 5

2. 사람들과 적극적으로 어울려야 하는 자리는 피하려고 한다.   1 2 3 4 5

3. 낯선 사람들과 함께 있을 때 쉽게 마음을 편하게 가질 수 있다.   1 2 3 4 5

4. 특별히 사람들을 피하고 싶은 생각은 없다.   1 2 3 4 5

5. 사람들과 어울리는 모임에서 종종 당황스러움을 느낀다.   1 2 3 4 5

6. 사람들과 어울리는 모임에서 대개는 차분하고 편안하다.   1 2 3 4 5

7. 이성에게 말을 걸 때 대체로 마음이 편하다.   1 2 3 4 5

8. 잘 알지 못하는 사람에게 말을 거는 것을 피하려 한다.   1 2 3 4 5

9. 새로운 사람과 만날 기회가 생기면 자주 응한다.   1 2 3 4 5

10. 남녀가 함께 있는 일상적인 자리에서 자주 초조해지고 긴장된다.   1 2 3 4 5

11. 사람을 잘 알기 전까지는 같이 있는 것이 긴장된다.   1 2 3 4 5

12. 많은 사람과 같이 어울릴 때 보통 편안함을 느낀다.   1 2 3 4 5

13. 사람들로부터 떨어져 있고 싶을 때가 자주 있다.   1 2 3 4 5

14. 모르는 사람들 속에 있으면 보통 마음이 편치 않다.   1 2 3 4 5

15. 사람을 처음 만날 때 대체로 편안함을 느낀다.   1 2 3 4 5

16. 사람들에게 소개될 때면 긴장하고 마음을 졸인다.   1 2 3 4 5

17. 방에 낯선 사람들이 꽉 차 있어도 거리낌 없이 들어갈 수 있다.   1 2 3 4 5

18. 여러 사람이 모여 있는데 다가가서 어울리는 것을 피한다.   1 2 3 4 5

19. 윗사람이 나와 이야기하기를 원하면 거리낌없이 응한다.   1 2 3 4 5

20. 많은 사람과 어울릴 때 종종 초조해진다.   1 2 3 4 5

21. 사람을 피하려는 경향이 있다.	1 2 3 4 5
22. 파티나 친목회에서 기꺼이 사람들에게 말을 건넨다.	1 2 3 4 5
23. 사람들이 많이 모인 집단에서는 좀처럼 마음이 편하지 않다.	1 2 3 4 5
24. 사람들과 어울려야 하는 약속을 피하려고 자주 핑계를 생각해낸다.	1 2 3 4 5
25. 때때로 사람들을 소개시켜주는 책임을 맡는다.	1 2 3 4 5
26. 공식적인 사교 모임은 피하려고 한다.	1 2 3 4 5
27. 사람들과 어울려야 하는 약속이면 대체로 다 지킨다.	1 2 3 4 5
28. 다른 사람들과 쉽게 편하게 있을 수 있다.	1 2 3 4 5

이 척도의 총점은 각 문항의 점수를 더한 총점이다. 단, 문항 1, 3, 4, 6, 7, 9, 12, 15, 17, 19, 22, 25, 27, 28은 1점은 5점으로, 2점은 4점으로, 3점은 3점으로, 4점은 1점으로, 5점은 1점으로 거꾸로 점수를 매긴다.

- 28~60점: 사회공포증이 없다.
- 61~76점: 약한 정도의 사회공포증이 있다.
- 77~92점: 중간 정도의 사회공포증이 있다.
- 93~140점: 심한 정도의 사회공포증이 있다.

4. 일상 속의 사회불안 유발 상황

사람들이 특정한 상황만을 두려워할 때, 특정 사회불안장애를 가지고 있다고 말한다. 특정 사회불안장애는 두려워하고, 불편해하며, 회피하는 상황이나 영역이 매우 한정되어 있다. 이들은 상대적으로 다른 사회적 상황에서도 두려움을 느끼기도 하지만, 주로 하나의 상황이나 한정된 몇 개의 상황만을 두려워하며, 대개 수행불안을 경험한다. 수행불안이란 사람들 앞에서 무언가 보여주어야 할 때 자신이 한 과제나 행동이 잘못되거나 부정확하게 보이는 것에 대해 두려워하는 것이다.

반면, 사회불안장애를 가진 사람들 중 상당수가 대부분의 사회적 상황에서 사회불안이나 공포를 느끼게 되는데, 이 경우를 일반화된 사회불안장애라고 한다. 예를 들어, 대화를 시작하거나 지속하는 경우, 소집단에 참여하는 경우, 데이트할 때, 권위 있는 사람에게 말을 할 때, 파티에 참석할 때 등과 같은 상황에서 사회불안을 경험한다.

결국 일반화된 사회불안장애가 있는 사람은 공적인 수행 상황과 사회적 상호작용 상황 모두에서 두려움을 느낀다고 할 수 있다. 따라서 일반화된 사회불안장애를 가진 사람은 특정 사회불안장애를 가진 사람보다 사회적 기술에 있어서 결함이 있을 가능성이 더 많고 사회적 및 직업적 문제를 가질 확률이 더 높다.

그러면 사회불안이 흔히 유발되는 상황에 대해 자세히 살펴보자.

1) 사람들 앞에서 발표를 할 때

여러 사람 앞에서 발표하는 상황은 사회불안장애가 있는 사람이 가장 흔하게 두려워하는 상황이다. 만일 당신이 사람들 앞에서 발표하는 것에 두려움을 심하게 느낀다면, 당신은 이런 유형의 특정 사회불안장애를 갖고 있을지도 모른다. 이들은 다른 사람들 앞에서 얘기하는 것에 대한 두려움으로 인해 자신의 생활이 심각하게 영향을 받을 수 있다. 38세의 외판원인 김 씨의 경우가 이러했다.

김 씨는 고객에게 일대일로 물건을 소개할 때는 별 문제

없이 잘 팔았다. 하지만 많은 사람 앞에서 상품을 소개하는 상황에서는 문제가 생겼다. 항상 긴장되고 초조해지는 것이다. 이럴 경우 김 씨는 얼굴과 손에서 땀이 많이 나고, 심장 박동이 빨라지고 숨도 가빠졌다. 또 다른 사람들이 자신에게 문제가 있는 것을 알아차릴 것이라고 확신하였다. 김 씨는 아마 고객이 자신이 팔고 있는 제품의 장점도 제대로 모를 거라고 생각하는 게 틀림없다고 믿었다. 심지어 김 씨는 누군가가 자신의 무능을 상사에게 얘기할 것 같아서 걱정하였다. 이런 이유로 김 씨는 여러 사람이 모인 자리에서 제품 판매를 하는 상황을 피했다. 그러면서도 한편으로는 영업 실적이 부진해서 해고되지 않을까 걱정하였다.

2) 다른 사람들 앞에서 무엇을 해야 될 때

다른 사람들이 자신이 하는 일을 지켜보고 있는 상황은 사회불안장애가 있는 사람이 흔히 두려워하는 사회적 상황이다. 이것을 흔히 무대공포증이라고도 부른다. 이런 공포증이 있는 사람은 혼자 있을 때는 일이나 업무를 잘 처리할 수 있지만 다른 사람들 앞에서 무엇인가를 해야 할 때는 잘 안 된다. 다른 사람들이 자신이 잘 해내고 있는지 평가하고 있다고 생각하게 되면 점점 더 일이 잘 안 된다. 더구나 상대가 나를 비웃고 있는 것이라고 믿게 되면 사태는 더욱 심각해진다. 이런 상황에 처하면 더욱 불안하고 초조해져 자리를 떠나고 싶을 정도로 괴로워진다.

이 양은 바이올린을 전공하는 학생이다. 그녀는 다른 사람들 앞에서 바이올린을 연주하려고 하면 손발이 심하게 떨리고 온몸이 뻣뻣해지면서 아무 생각이 나지 않았다. 그래서 자신이 어떻게 연주했는지도 모르는 채 무대를 내려온다. 이런 상태에서 연주가 끝나게 되면 그녀는 불안 때문에 실력을 제대로 발휘하지 못하는 자신을 심하게 질책한다.

3) 낯선 사람들과 얘기할 때

사회불안장애가 있는 사람은 낯선 사람들과 얘기할 때 흔히 불안을 많이 느낀다. 이들은 낯선 사람들이 자신을 이상하게 여기거나 우습게 생각하지 않을까 두려워한다. 그래서 이들은 물건을 사거나 음식을 주문하거나 물건을 바꾸거나 할 때 정당한 요구나 부탁을 하지 못하는 경우가 흔하다.

대학생인 김 군은 패스트푸드점에서 음식을 주문하려고 할 때 자신의 말투가 너무 어리고 어수룩하게 보여서 점원이 자신을 우습게 볼까 봐 신경을 쓴다. 그래서 주문할 때 말을 잘 하려고 신경을 많이 쓰는데, 그럴수록 말이 생각대로 안 나왔다. 얼마 전에는 음식이 자신이 주문한 것과 다르게 나왔는데도 제대로 말도 못하고 그냥 먹었다. 점원에게 음식이 잘못 나왔다고 말하면 점원이 자신을 더 이상하게 볼까 봐 두려워서 말하지 못하였다고 한다.

4) 이성과 얘기할 때

이성과 얘기하는 상황은 사회불안이 생길 수 있는 또 다른 상황이다. 누구에게나 데이트를 하러 가기 전에 몹시 긴장했던 경험이 한 번쯤은 있을 것이다. 데이트를 하는 것에 대해 대부분의 사람이 다소 불안을 경험할 수 있지만, 데이트 공포증의 경우에는 그 정도가 심해서 전혀 이성관계를 맺을 수 없는 사람도 있다.

대학 강사인 박 씨는 다른 대인관계 상황에서도 약간의 불안이나 두려움을 느끼지만, 여성과 데이트를 할 때는 두려움이 더욱 심했다. 박 씨는 이성과 마주앉아 이야기하게 되면 얼굴이 붉어지고, 땀이 나며, 온몸이 떨려 말이 제대로 나오지 않았다. 지난번 데이트 때는 상대 여성이 무척 마음

에 들었고, 그래서 더 떨렸다. 그는 커피를 시켰는데, 손이
너무 떨려서 설탕을 흘릴 정도였다. 그는 상대가 이런 자신
의 모습을 보고 남자답지 못하다고 생각하고 싫어할까 봐
두려웠다. 그래서 상대가 마음에 무척 들었음에도 또 다른
실수를 해서 더 당황스러워질까 봐 얼른 핑계를 대고 그 자
리에서 일어났다. 그 후 그는 이성과의 만남이 더욱 어렵게
느껴졌고, 이러다가 결혼도 못할 것 같다는 두려움 때문에
상담소를 찾게 되었다.

5) 권위자와 얘기할 때

사회불안장애가 있는 사람은 권위 있는 사람과 얘기를 하
는 상황에서 많은 불안과 두려움을 느낀다. 이들은 다른 사람
들로부터 인정을 받고자 하는 욕구가 강한 사람들이므로, 다
른 누구보다도 권위가 있는 사람들에게 더 인정을 받고 싶어
하고, 이런 사람들로부터 인정을 받아야 자신이 가치 있고 능
력 있는 사람이며, 그렇지 못할 경우에는 자신을 무능력하고
가치 없는 사람이라고 비하한다.

김 군은 생물학을 전공하는 대학원생이다. 그는 자신의
지도교수를 만나러 가는 일이 너무 힘들다. 지도교수와 얘

기하러 갈 때면, 지도교수가 말도 변변히 못하고 떠는 자신을 보고 바보 같고 무능력하다고 생각할까 봐 두려워서 제때 가지 못하고 자꾸 미루게 된다. 그는 지도교수가 자신을 그렇게 생각하게 되면, 논문지도도 제대로 해주지 않을 뿐 아니라 취직할 때 추천도 해주지 않을 것 같아 두려워한다.

6) 여러 사람과 어울려서 얘기할 때

사회불안장애가 있는 사람은 사람들이 모여서 얘기하는 상황을 두려워하고 힘들어한다. 이들은 사람들이 많이 모이는 자리에서는 다른 사람들과 잘 어울려야 한다는 강박관념을 갖게 되고 자신이 실수할까 봐 지나치게 신경을 쓴다. 이렇게 되면 다른 사람들과 무슨 말을 해야 될지 몰라 당황하고 자신이 한 말이 어떻게 받아들여질까 전전긍긍하면서 고민하게 된다. 이렇게 다른 사람들의 반응에 지나치게 신경을 쓰다 보면 다른 사람들이 하는 대화에 신경을 많이 못 쓰게 되고, 그러다 보면 대화에 끼어들어 얘기하기가 어려워진다. 간신히 말을 하고서도 다른 사람들이 열렬한 반응을 보이지 않으면 자신의 말이 거부당했다고 느낀다.

대기업 회사원인 이 씨는 성실한 일처리로 인정받고 있

지만, 말 못할 고민이 있다. 그는 회사의 잦은 회식자리가 몹시 곤욕스러웠다. 다른 사람들과 자연스럽게 얘기하는 게 어렵고 무슨 말을 해야 잘 어울릴지 몰라 당황스러웠다. 대화 중에 끼어보려고 누군가의 말에 적절한 말들을 머릿속으로 생각해보지만, 막상 얘기하려고 하면 그 얘기가 이미 끝난 경우가 많고, 안 끝났을 때에도 그 말이 적절한지 판단하지 못해 말하지 못했다. 그러다 보니 앞에 있는 사람이 묻는 말에만 간신히 대답을 하는 정도여서, 그런 자신 때문에 전체 분위기가 어색해질까 봐 두려웠다.

7) 식당에서 식사를 할 때

다른 사람들이 있는 자리에서 식사를 하는 것은 사회불안이 일어날 수 있는 또 다른 상황이다. 이런 종류의 두려움을 갖고 있다면 혹시 컵을 쏟거나 접시를 깨뜨리는 등 당황스러운 일이 일어날까 불안해하고, 누군가가 자신을 보고 있을지도 모른다고 생각한다. 그러면 먹는 것이 무척 힘들어질 것이다. 당황스러운 일을 저지르지 않을까 걱정할수록 손이 떨리거나 서투른 행동을 할 가능성이 높아진다.

박 양은 중소기업의 사무원이다. 그녀는 회사 구내식당

에서 혼자 밥을 먹는 경우가 있는데, 이때는 다른 사람들이 자신을 어떻게 보는지 몹시 신경이 쓰였다. 그녀는 혼자 밥 먹는 것을 다른 부서 사람들이 보면 자신을 무시할까 봐 두려웠다. 또 다른 사람들이 자신의 행동을 지켜보는 것 같아 밥을 먹기 힘들었다. 그녀는 밥을 먹으려고 하면 손이 몹시 떨리기 시작했고, 그렇게 불안해하는 자신의 모습을 숨기려고 노력하였다. 하지만 그럴수록 손은 더 떨리는 것 같았다. 집에서 혼자 식사를 할 때는 아무 문제도 없었는데.

8) 다른 사람들 앞에서 글씨를 쓸 때

가령 결혼식장에 가서 방명록에 이름을 적을 때가 이런 상황일 것이다. 이런 종류의 공포증을 가진 사람은 아무도 보지 않는 곳에서는 글씨를 잘 쓰지만, 누군가가 보고 있으면 자신의 글씨가 너무 엉망이라고 생각하고 걱정한다. 또는 손이 떨리는 것을 남들이 볼까 봐 두려워한다.

26세의 고등학교 교사인 최 씨는 전부터 항상 글씨를 쓰는 것을 많이 의식하고 있었고, 교사가 된 이후로는 칠판에 글씨를 쓰는 것에 대해 걱정을 많이 하게 되었다. '혹시 내가 불안해하고 있는 것을 학생들이 알면 어쩌지?' '팔이 떨리고 있는 것을 알게 되지는 않을까?' '글씨를 못 쓴다고 날 우습게 여기지는 않을까?' 최 씨는 되도록 칠판에 글씨를 쓰지 않으려고 했고, 그날 가르칠 교과 내용을 미리 컴퓨터로 정리해서 학생들에게 나누어 주었다.

9) 공중화장실을 이용할 때

공중화장실을 사용하는 것에 대한 두려움은 남들에게 털어놓기가 쉽지 않을 것이다. 공중화장실을 사용하는 것에 대해 두려움을 느끼는 것은 남자와 여자가 약간 다르다. 이는 남자화장실과 여자화장실의 형태가 다른 데서 오는 차이다. 이런 공포증을 가진 여성은 대개 화장실을 사용하는 사람들이 줄을 길게 늘어서 있을 때 용변이 급하게 되는 상황을 두려워한다. 남성들이 갖는 공포증은 이것과는 약간 다르다. 남자 화장실은 대부분 용변기가 칸막이 없이 일렬로 늘어선 구조를 하고 있기 때문이다.

홍 씨는 공중화장실을 사용하는 데 심한 불안이 있다는 것을 아무에게도 말하지 않았다. 화장실에 들어갈 수는 있었지만, 누군가가 화장실에 들어오면 온몸이 긴장되어 용변을 볼 수 없었다. 홍 씨는 자신에게 무슨 병이 있는 건 아닌지 걱정스러웠다. 결국 홍 씨는 병원에 가서 정밀검사를 받으면서 의사에게 자신의 문제를 꼭 말하겠다고 다짐하였다. 홍 씨는 의사가 자신을 비웃지 않을까 걱정했는데, 의사는 홍 씨가 신체적인 문제를 갖고 있는 게 아니라 지나치게 민감하고 수줍음을 많이 타는 것뿐이라고 말했다. 홍 씨는 이 말을 듣고 안도의 숨을 쉬었다.

홍 씨는 공중화장실을 가장 싫어했다. 자신이 너무 시간을 오래 끌어서 다른 사람이 화를 낼까 봐 걱정스러웠다. "왜 이렇게 안 나오는 거야?" "안에서 딴짓 하고 있는 거 아냐?" 더구나 화장실에서 용변을 보면 소리가 나는 걸 알고 있었지만, 이런 것들은 여전히 홍 씨를 괴롭혔다. 그래서 환풍기가 한쪽 구석에서 돌면서 요란한 소리를 낼 때만 안심이 되었다. 이런 종류의 공포증을 지닌 사람은 방귀를 뀌거나 공중화장실에서 배변을 하는 것에 대해서도 걱정을 한다.

또 다른 사례로, 김 씨는 용변을 보기 위해 화장실에 갔을 때 주위에 사람들이 있으면 바로 용변을 보지 못할까 봐 걱정이 되었다. 용변기 앞에 서면 문득 이런 생각이 들곤 하였다. '다른 사람이 나를 변태라고 생각하면 어떡하지?' '내가 너무 오래 서 있는 걸 보고 자위행위를 하고 있다고 생각할지도 몰라' 이런 불안감은 더욱 용변을 보기 어렵게 만들 뿐이었다. ◆

5. 사회불안장애의 주요 증상

사회불안장애가 있는 사람은 두려운 사회적 상황에 직면하게 되면 여러 가지 증상을 나타낸다. 사회불안을 느낄 때 나타나는 증상들은 크게 불안할 때 나타나는 신체적 반응, 이런 두려운 사회적 상황에서 떠오르게 되는 생각, 이런 상황에서 하게 되는 행동 등 3가지로 나눌 수 있다.

1) 신체적 증상

두려운 사회적 상황에 직면하게 되면 가슴이 두근거리고, 심장박동이 빨라지며, 손발이나 목소리가 떨리고, 숨이 가빠지며, 얼굴이 붉어지고, 어지러우며, 근육이 긴장되고, 배가 아픈 것 같은 많은 불유쾌한 신체 증상들을 경험한다. 특히 사회불안장애가 있는 사람은 다른 사람들의 시선을 매우 중요하게 생각하기 때문에, 몸이나 목소리가 떨리거나 얼굴이 붉어지거나 땀이 나는 것과 같은 눈에 띄는 신체적 증상들에 신경을 쓴다. 우리가 이런 증상들을 직접적으로 중지시킬 수 있는 것은 아니지만 덜 불안해지면 신체 증상들은 저절로 없어진다.

게다가 다른 사람들로부터 객관적인 피드백을 받아보면, 놀랍게도 이런 증상들은 자신이 생각하는 것만큼 눈에 띄지 않는다는 것을 알게 될 것이다. 스스로는 자신의 얼굴이 매우 붉어지고 목소리도 매우 떨린다고 생각하지만, 정작 다른 사람들은 거의 알아차리지 못하거나 경미해서 무시해버린다. 실제로 사회불안장애 환자에게 두려운 사회적 상황에서 수행을 하게 한 다음 자신이 얼마나 불안해 보이는지를 보고하게 한 연구에서도, 사회불안장애 환자는 다른 사람들이 관찰한 것보다 훨씬 더 자신이 불안해 보인다고 평가하였다.

사람들은 누구나 대인관계 상황에서 어느 정도의 불안을 느끼게 되기 때문에, 상대가 그런 상황에서 좀 불안하게 보인다고 해서 그 사람을 나쁘게 평가하지는 않는다. 약간 긴장했나 보다고 생각할 뿐이다. 또한 대부분의 사람은 어떻게 말을 하느냐보다는 무엇을 말하는가에 더 주의를 기울인다. 그러므로 대화 시에 일시적으로 나타나는 신체적 증상에 주의를 두기보다는 말의 내용에 집중하는 것이 훨씬 더 효과적이다.

이런 신체적 증상들은 때때로 빠르게 나타나고 강렬해지다가 사라진다. 사회불안장애가 있는 사람은 때로 사회적 상황에 직면했을 때 공황발작이라고 할 만한 강렬한 두려움을 경험하기도 한다. 또한 사회불안장애가 있는 사람은 다른 사람들이 있을 때 계속해서 '경계 상태'에 있게 되며, 이로 인해 만성적인 긴장 상태가 된다. 이런 만성적인 긴장 상태가 계속되면 두통, 피로감, 위통과 같은 스트레스와 관련된 신체 증상들이 나타나게 된다.

2) 인지적 증상

사회불안장애를 가진 사람은 다른 사람과 만나는 자리에서 심한 불안감을 느낄 때면 머릿속에는 많은 생각이 스쳐 지나간다. 이런 생각이 자주 들면 통제를 할 수 없을 정도로 자동화되어 이런 생각을 하지 않으려 노력해도 어느새 자신의 머릿속을 채우게 된다.

사회불안장애가 있는 사람은 사람들과 함께 있는 자리에서 어떤 생각을 할까? 그들의 생각은 너무나 빨리 스치고 지나가기 때문에 스스로 잡아내기 어려운 경우가 많다. 일반적인 예들은 다음과 같다.

- 난 이 자리에 어울리지 않아.

- 난 참 멍청한 소리만 해.

- 난 부적절해.

- 다른 사람들은 나를 바보 같다고 생각할 거야.

- 내 목소리가 이렇게 떨리는 것을 본다면, 바보 같다고 생각할 거야.

심리학에서는 이런 종류의 생각을 비합리적이라고 한다. 비합리적이라는 말은 타당한 이유가 없다는 의미다. 또는 부적응적인 생각이라고도 한다. 이런 식의 생각은 사회적 상황에서 도움이 안 된다는 의미다. 사실 이런 생각들은 보다 더 불안감을 일으키기 쉽고 결과적으로 대인관계를 불편하게 만든다. 이것이 바로 불안이 지닌 모순된 특징이다. 안 좋은 일이 일어날까 걱정을 하게 되면 결국 자신이 부지불식간에 그일을 일으키게 되는 것이다.

많은 연구자가 사회불안장애가 있는 사람이 어떤 생각을 갖고 있는지 탐색하였다. 광범위한 평가도구를 이용한 결과, 사회불안장애가 있는 사람은 사회적 상호작용 이전과 도중에 불안하지 않은 통제집단에 비해서 더 많은 부정적 생각과 더 적은 긍정적 생각을 하였다.

하트만Hartman은 사회불안장애가 있는 사람의 생각에는 4가지 유형이 있음을 발견하였다(Hartman, 1984). 즉, 일반적인 심리적 불편감과 사회적 부적절감, 다른 사람들이 자신의 불편감을 알아차리는 것에 대한 두려움, 부정적 평가의 두려움, 자동적 각성 상태와 수행불안에 대한 자각 등이 그것이다.

3) 행동적 증상

사회불안장애의 행동 증상은 사회적 상황에서 느끼는 강렬한 불편감에 대한 반응을 말한다. 신체의 고통과 같이 불안은 어떤 행동을 취하기를 요구하는 위험신호다. 하지만 사회불안장애를 지닌 사람이 이런 위험신호에 대해 보이는 반응은 도움이 되기보다는 해가 되는 경우가 많다.

이런 반응 중에 하나가 '몸이 얼어붙는 것'이다. 즉, 아무런 행동을 하지 못하는 것이다. 몸이 얼어붙는 것은 우리의 의지와 무관하고 통제할 수 없다. 또한 이것은 위험에 처했을 때 생길 수 있는 생리적인 반응이다. 원래 몸이 얼어붙는 반응은 원시의 인간이 생존하고 진화하는 데 도움을 주었다. 이 반응은 우선 자신이 처한 상황이 얼마나 위험한 것인지 알아볼 수 있는 시간을 제공해주고, 적의 공격을 유발할 수도 있는 갑작스러운 행동을 억제시켜준다. 그리고 피할 곳이 없을 때는 위장하는 역할을 해준다. 마치 곰 같은 동물들이 위급할 때 죽은

척하듯 말이다.

인간이 이런 얼어붙는 반응을 경험할 때는 말하거나 움직이거나 회상하는 등의 자발적인 행동을 할 수 없다. 심지어 자신의 이름이나 집 전화번호조차 생각이 나지 않을 수도 있다. 반드시 기억할 점은, 대개 이 반응은 매우 짧은 시간 동안만 지속되고 조금 지나면 사라진다는 것이다.

또 다른 행동적 증상은 회피다. 앞에서도 살펴보았듯이, 사회불안장애가 있는 사람은 다른 사람들이 자신을 관찰할 수 있는 상황을 두려워해 회피한다. 이들은 많은 대인관계 상황이 불편하므로 아예 피해버리는 것이다. 이는 다른 공포증의 경우에도 마찬가지다. 즉, 뱀공포증이나 거미공포증이 있는 사람이 이런 것들을 피하듯이 사회불안장애가 있는 사람은 사람을 만나는 자리를 피하게 된다. 이들이 피하는 일반적인 상황은 파티, 이성과의 미팅, 공공 연설, 강의실, 전화사용, 대중교통 이용 등이 있다. 사람들 앞에서 먹고 마시고 글을 쓰는 등의 특정 행위를 하는 것을 두려워하는 사회불안장애의 하위집단도 있다. 사회불안장애가 있는 사람 중 90% 이상은 하나 이상의 사회적 상황에 대해 두려움을 갖는데, 이는 증상이 하나뿐인 특정 사회불안장애에서는 거의 나타나지 않는다.

사회불안장애를 지닌 모든 사람이 사회적 상황을 완전히 피하는 것은 아니다. 피할 수 없거나 피하려 하지 않는 사람들도 있다. 그러나 이런 사람들도 미묘한 형태의 회피를 보인다. 안전행동이라고 부르는 이런 행동은 다른 사람들로부터 부정적 평가를 받는 것을 막거나 줄이기 위해 두려운 사회적 상황에서 하는 대처행동이다. 예를 들어, 발표할 때 목소리가 떨리는 것을 두려워하는 사람은 실제 발표 상황에서 필요 이상으로 발표를 짧게 하거나 말을 빨리 해버린다. 또는 사람들 앞에서 얼굴이 붉어지는 것을 두려워하는 사람들은 화장을 진하게 하거나 큰 안경을 써서 감추려고 한다. ◆

6. 사회불안장애의 분포

1) 사회불안장애의 유병률

사회불안장애로 고통받는 사람이 얼마나 되는가 하는 질문에 대한 답은 사회불안장애를 어떻게 정의하느냐에 따라 달라진다. 미국의 경우 대학생 가운데 남학생의 24%, 여학생의 12%가 데이트하러 나갈 때 불안을 경험하고, 성인의 15~20%가 사회불안장애로 고통을 받는다고 한다.

우리나라의 경우에도 사회적 상호작용 상황의 유형에 따라 차이가 있기는 하지만, 24.7%의 대학생이 사교적인 모임에서 불안을 느끼고, 면접시험 상황에서는 54.9%의 대학생이 불안을 느끼며, 다른 사람과의 일상적인 만남의 경우에도 8.5%의 대학생이 중도 이상의 불안을 경험한다고 한다.

미국정신의학회에서 내놓은 DSM-IV에서 제시한 기준을 적용할 때, 사회불안장애는 얼마나 많이 나타날까? 우리가 살아가면서 사회불안장애에 걸릴 확률은 3~13%로, 세 번째로 흔한 정신장애이며, 외래 클리닉에서 불안장애 환자 중 10~20%가 사회불안장애라는 보고가 있다.

우리나라에서는 얼마나 많은 사람이 사회불안장애를 겪고 있는지 정확히 파악되고 있지는 않으나, 서울 소재 한 종합병원 신경정신과에서 보고한 10년간의 통계에 따르면, 10년간 그 병원 신경정신과에 처음 내원한 환자 중 4.5% 정도만 사회불안장애 환자였다고 한다.

우리나라에서의 유병률이 비교적 낮은 이유는 사회불안장애가 1980년에야 정식 진단으로 포함되었고, 유병률 연구가 이루어진 시점이 사회불안장애에 대한 인식이 저조하였던 때여서 유병률이 과소평가되었기 때문으로 보인다. 하지만 사회불안장애의 핵심이 다른 사람들이 자신을 어떻게 보는가와 관련된 염려라는 점을 생각할 때, 개인주의적인 미국 문화권에 비해 집단주의적인 우리나라 문화권에서 훨씬 더 많을 것으로 예상할 수 있다.

앞에서 살펴본 것은 사회불안장애를 겪으면서 스스로 그렇다고 보고한 사람들을 대상으로 파악한 수치다. 하지만 사회불안장애를 가진 많은 사람이 자신의 증상을 부끄럽고 창피하게 생각하여 가족에게조차 숨기려고 하는 것을 감안한다면 사회불안장애를 가진 사람은 실제로 조사된 것보다 훨씬 많을 수 있다. 여기서 무엇보다도 중요한 점은 사회불안장애로 고통받는 사람이 상당히 많다는 점이다. 즉, 사회불안장애는 누구에게나 언제든지 생길 수 있는 매우 흔한 문제라는 것이다. 하지만 놀랍게도 사회불안장애를 가진 많은 사람이 이런 점을 간과하고 자신만이 경험하고 있는 장애라고 생각하여 숨기려고 한다.

2) 사회불안장애의 발병 연령 및 성차

다음으로 우리가 갖는 궁금증 중 하나는 사회불안장애가 언제 시작되느냐 하는 것이다. 많은 연구에서 사회불안장애는 특정공포증보다는 늦고 공황장애보다는 일찍 나타난다고 보고한다. 미국에서의 평균 발병 연령은 일반적으로 십대 중반에서 후반이다.

그러나 사회불안장애가 이보다 훨씬 일찍 발병한다는 연구와 더 늦게 발병한다는 연구가 혼재되어 있다. 이는 사회불안장애를 어떻게 정의하느냐에 달려 있는 것 같다. 예를 들어, 사회적 상황들에 대한 두려움은 초기 유아기에 일어날 수 있지만, 다른 사람들의 부정적 평가에 대한 두려움은 좀 더 후반기에 이르러서 나타난다. 그러므로 사회불안장애의 발병 연령을 정확히 말하기는 어렵지만, 다소 어린 나이에 나타나는 것으로 보이며, 적어도 사회적 위축 경향은 유아기 때부터 나타나는 것 같다.

우리나라 서울 소재의 종합병원 신경정신과에서 보고한 10년간의 통계에 따르면, 사회불안장애의 발병 연령은 평균 19.5세였다. 17∼19세까지가 32.0%로 가장 많았고, 14∼16세가 21.8%를 차지하여 10대 후반에서 사회불안장애가 가장 많이 발병하는 것으로 나타났다.

사회불안상애에 대한 또 다른 궁금증 중 하나는 남녀 가운데 누가 사회불안장애에 잘 걸리느냐 하는 것이다. 미국의 국립정신건강협회NIMH의 역학 자료에 의하면, 사회불안장애의 남녀 비율은 1 : 2 정도였다. 미국정신의학회에서 내놓은 DSM-Ⅲ의 기준에 기초한 우리나라의 역학 자료에서는 여자가 남자보다 약간 더 높게 나타났다.

하지만 병원을 내원한 환자를 대상으로 한 성별 분포는 역학 자료와 다소 차이가 있다. 미국의 경우 대부분의 다른 불안장애에서는 여자가 우세한 반면, 사회불안장애는 남녀 비율이 같거나 남자가 약간 더 많았다.

우리나라의 상기 통계자료에서도 성별 분포는 남자가 62.2%, 여자가 37.8%로 남녀 비율이 1.6 : 1로 나타났다. 병원을 내원한 환자의 자료와 역학 자료가 차이가 나는 것은, 다른 불안장애처럼 사회불안장애도 실제로는 여자가 더 많지만 치료를 받기 위해 내원하는 경우는 남자가 더 많기 때문일 수 있다. ◈

7. 우리나라 특유의 사회불안 증상

사회불안장애의 가장 중요한 핵심은 '다른 사람이 나를 어떻게 볼까' 하는 것이며, 이런 특징으로 인해 사회불안장애는 자신에 대한 다른 사람들의 평가를 중시하는 사람에게서 더 많이 나타난다. 따라서 사회불안장애는 다른 사람들과의 관계를 중요시하는 집단주의 문화권에서 더 많이 나타나는 장애라고 할 수 있다. 이를 고려할 때 사회불안장애가 미국 같은 서구 문화권보다 우리나라에서 더 많이 나타날 것으로 가정할 수 있다.

또한 우리나라에서 사회불안장애를 가진 사람이 호소하는 불안들을 들어보면 서구 문화에서는 발견하기 어려운 것들을 발견할 수 있다. 즉, '다른 사람들이 나를 어떻게 생각할까' 와 관련하여 자신에 대한 타인의 부정적 평가를 두려워하는 사회불안장애 양상에 더하여, '상대에게 해를 끼치지는 않았나'

'내가 한 말에 기분이 상하지 않았나' '내가 공격적으로 비치지 않았나' '상대에게 폐가 된 것은 아닌가' 등의 가해 염려적인 내용들이 추가되어 독특한 증상의 양상을 보인다. 따라서 자기배려적 행동, 불안행동, 체취, 분노 가능성, 얼굴 붉히기, 시선 접촉 등 타인을 불쾌하게 만들거나 불편하게 할지도 모르는 행동이나 특성을 두려워한다.

이렇게 되면 두려워하는 사회적 상황의 범위가 서구의 사회불안장애 환자의 범위보다 더 넓어지는데, 이런 불안 내용을 가지고 있는 사회불안장애 환자는 대인관계적 상호작용 상황과 타인들 앞에서의 수행 상황뿐 아니라 무리 속에서 혼자 있는 상황지하철, 식당, 길거리 등에서도 불안을 느끼면서 사회불안 증상을 많이 보인다.

이시형은 동양권에서의 사회불안장애는 서구의 사회불안장애와는 차이가 있으며, 단순한 사회불안 증상 외에 남에게 피해를 주고 있다는 가해의식을 동반한 경우가 많다고 보고하였다. 그는 또한 가해의식을 동반한 사회불안장애가 동양의 유교를 배경으로 한 눈치문화, 화합과 체면의식, 집단의식, 배려의식, 타인중심적인 사고 등에 크게 영향받는 일종의 문화증후군이라고 지적하면서, 사회불안장애를 이해하기 위해서는 동양 문화권의 특수성을 인식하는 것이 필수적이라고 역설하고 있다.

DSM-5(2013)와 같은 정신과적 진단분류체계에서도, 한국과 일본의 사회불안장애 환자는 자신이 다른 사람들에게 해를 끼치거나 불편하게 할 것얼굴 붉히기, 화내기, 시선 접촉, 입냄새, 체취 등이라는 과도한 불안을 발전시키는 경향이 있다고 간단히 언급하고 있다. 이렇게 볼 때 우리나라의 사회불안장애 환자는 다른 사람들에게 자신이 피해를 준다는 염려를 가지고 있음을 알 수 있다. ◈

8. 다른 장애와의 비교

　사회불안장애는 여러 심리장애와 함께 중복되어 나타날 수 있다. 71명의 사회불안장애 환자를 대상으로 한 연구에 따르면, 사회불안장애 환자 중 33%가 범불안장애를 같이 겪고 있었으며, 11%가 특정공포증을 함께 경험하고 있었다. 또한 성격장애의 경우 가장 많이 함께 나타나는 성격장애는 회피성 성격장애(22%)와 강박성 성격장애(13%)였다.

　다음에서는 사회불안장애와 함께 많이 나타나는 것으로 알려진 다른 심리장애들과 사회불안장애를 비교해서 살펴보도록 하겠다.

1) 공황장애

　공황장애란 짧은 시간 동안 심장이 심하게 뛰거나 가슴이 답답해지면서 숨이 막혀 죽을 것 같은 느낌의 심한 공포를 경험하는 장애다. 공황장애 환자도 사회적 상황을 회피하기 때문에 사회불안장애와 구분하기가 어렵다.

대체로 사회불안장애 환자는 군중을 이루고 있는 각각의 사람들을 두려워하는 반면, 공황장애 환자는 군중을 두려워한다. 또한 사회불안장애 환자도 때로는 공황발작을 일으키지만 사회적 상황에서만 일어나는 반면, 공황장애 환자의 공황발작은 특별한 상황에서만 일어나지는 않는다.

한편, 사회불안장애 환자는 얼굴 붉어짐과 근육경련과 같은 신체 증상을 많이 호소하는 데 비해, 공황장애 환자는 호흡곤란, 현기증, 심계항진, 두통, 시야가 흐릿해지는 것, 이명과 같은 신체 증상들을 더 많이 호소한다.

2) 기타 불안장애

범불안장애 환자는 광범위한 사건들에 대해 비합리적인 염려개인의 재정, 가족의 건강, 사소한 문제들를 하지만, 사회불안장애 환자의 염려는 다른 사람들에 의한 부정적 평가에 집중되어 있다. 하지만 범불안장애 환자 중 많은 사람이 사회불안장애를 동반하고 있는 것으로 볼 때, 일반적으로 범불안장애 환자는 빈번히 사회적 두려움을 느낀다는 것을 알 수 있다.

강박증 환자도 다른 사람들이 자신의 강박적 행동을 아는 것에 대해, 혹은 다른 사람들에 의해 자신이 더럽혀지는 것을 두려워하기 때문에 사회적 접촉을 두려워한다. 하지만 사회불안장애 환자는 일반적으로 순수한 강박 증상을 보이지 않기 때문에 이들을 구분하는 것은 어려운 일이 아니다.

한편, 강박증 환자는 강박적 행동이나 말을 할까 봐 두려워할 뿐, 자신이 당황스럽거나 창피한 행동이나 말을 할까 봐 두려워하지는 않는다.

3) 우울증

우울한 사람은 종종 기분이 우울하거나 사회활동에 대한 관심이나 의욕이 부족하기 때문에 사회적으로 위축되어 있거나 대인관계를 회피한다. 많은 경우 이런 문제들은 우울증이 치료되면 없어지므로 사회불안장애로 진단 내리는 것은 바람직하지 않다. 더구나 우울증 환자는 이전에는 정상적인 사회적 관계를 유지했기 때문에 사회불안장애 환자와는 병전 과거력이 다르다. 이와는 대조적으로 사회불안장애 환자는 사회적 회피와 고립으로 인한 우울감을 호소한다.

4) 알코올 중독

사회불안장애에는 알코올 남용 및 의존을 동반하는 경우가 많다. 여러 연구에서 알코올 문제로 입원한 환자들 가운데 사회불안장애의 비율이 8~56%에 이른다는 결과가 나왔는데, 이 비율은 일반인이 사회불안장애에 걸리는 비율보다 훨씬 높다. 역으로 사회불안장애 환자도 알코올 중독의 문제를 많이 가지고 있었다.

어떤 경우에는 사회불안장애에 대한 자기처방으로 술을 마시기도 하고, 반대로 알코올 중독으로 인해 사회불안장애가 생기기도 한다. 어느 것이 먼저든지 간에 이 두 장애는 흔히 얽히게 된다. 따라서 하나의 문제가 다른 문제의 치료에도 악영향을 미치기 때문에 치료 시에 2가지 문제를 모두 고려해야 한다.

5) 회피성 성격장애

사회불안장애 환자에게 가장 많이 나타나는 성격장애는 회피성 성격장애다. 이 두 장애는 진단기준에서 겹치는 부분이 많기 때문에 그다지 놀라운 일은 아니다. 미국정신의학회에서 내놓은 진단기준인 DSM-5(2013)에 따르면, 회피성 성격장애의 진단기준으로 대인관계를 필요로 하는 직업활동을 회피하는 것, 사회적 상황에서 비난받거나 거부되는 데에 대한 걱정, 그리고 부적절감 때문에 새로운 대인관계 상황에서 위축되는 것을 들고 있다. 이 진단기준은 사회불안장애의 진단기준과 상당히 중복되는 면이 많다.

회피성 성격장애가 있는 사회불안장애 환자는 회피성 성격장애가 없는 사회불안장애 환자에 비해 대인관계 기술이 훨씬 부족하고, 일반적인 억압 수준이 더 높으며, 직업에 대한 준비가 부족하고, 교육 수준이 낮다. 직업 경력도 별로 좋지 않고, 평생 은둔하는 경향이 있으며, 대인관계를 발달시키지 못한다. 또한 심리치료의 예후도 좋지 않고 치료 도중에 탈락하는 비율이 높다.

6) 강박성 성격장애

두 번째로 자주 동시에 나타나는 성격장애는 강박성 성격장애다. 일차적으로 사회불안장애의 약 13%가 강박성 성격장애를 같이 가지고 있고, 48.5%는 강박성 성격장애의 증후군과 비슷한 특징을 보였다. 강박성 성격장애자는 너무 완벽주의적이고, 일에 몰두하며, 철저하고, 윤리적 문제에 융통성이 없기 때문에 대인관계에 어려움을 겪는다. 사회불안장애 환자도 종종 자신의 행동에 대해 지나치게 걱정하고, 완벽한 행동을 하지 않으면 다른 사람들이 자신을 좋지 않게 생각할 것이라고 믿는다.

사회불안장애와 강박성 성격장애를 같이 가지고 있는 사람에게서 중요한 문제는, 사회생활에서 겪는 고통이 사회불안장애로 인한 것인가 아니면 강박성 성격장애의 성격요인으로 인한 것인가 하는 점이다. 강박성 성격장애는 부정적인 평가를 두려워하지만, 사회적인 관계가 잘 되지 않는 것을 자신의 탓으로 돌리기보다는 다른 사람들이나 외부 상황의 탓으로 돌리는 경향이 있다. 반면에, 사회불안장애는 별다른 근거가 없을 때에도 항상 자신을 비난한다. ◆

사회불안장애는
왜 생기는가

2

1. 정신분석 이론

정신분석 이론은 프로이트 이후 많은 변화를 거듭했으며, 사회불안이나 사회불안장애와 관련된 이론도 이와 더불어 발전해왔다. 최근의 정신분석 이론은 프로이트의 이론과는 다소 거리가 있지만 장애에 대한 구체적인 설명체계를 지니고 있다. 우선 프로이트Freud가 어떻게 사회불안과 사회불안장애를 설명하고 있는지 살펴보자.

1) 프로이트의 정신분석 이론

정신분석학에 따르면 인간의 성격구조는 크게 원초아와 자아, 초자아가 있다. 심리내적인 갈등을 일으키는 주범인 원초아는 성적 욕구나 공격성 같은 본능적인 욕구를 포함한다. 자아는 개인이 스스로를 의식하고 정신적인 이미지를 만들어내는 기능을 한다. 또한 인간의 행동과 의식적인 사고를 실행하고 억제한다. 마지막으로 초자아는 양심이나 이상과 관련된 판단을 하는 요소다. 이런 심리구조를 이루고 있는 3가지 요소의 활동에서 많은 부분이 무의식적인 수준에서 이루어진다. 이 구성요소들은 인간의 발달에 큰 도움을 주고, 원초적인 욕구를 사회적으로 허용되고 적절한 행동으로 변화시켜주는 역할을 한다.

아동기의 경험은 당연히 내적인 성격구조의 발달에 영향을 미친다. 그리고 결국에는 그 아이가 자라서 어떤 성인이 될 것인가를 결정하게 된다. 이런 경험에는 현실세계에 직면하는 것이 포함되고, 이는 잠재적으로 중요한 대상인 어머니와 이별하게 될지 모른다는 위협과, 어머니에 대한 사랑과 애착 욕구로 인해 아버지가 자신을 덜 사랑하거나 미워할지 모른다는 거세불안이 개입된다. 이런 성격구조들 간의 상호작용은 자아와 초자아의 발달에 강한 영향력을 행사한다. 현실세계에서 상호작용하는 다른 사람들은 자신의 욕구를 표현할 대상으로 생각한다. 타인을 한 독립적인 인간이 아닌 개인의 본능적인 욕구를 해소하는 대상으로 보는 것이다. 이는 어린 시절 어머니의 역할이 확대된 것이다.

프로이트는 무의식으로 올라오는 금지된 성적·공격적 생각이나 추동, 즉 어린 시절 해결되지 않은 오이디푸스 콤플렉스[1]와 이로 인한 거세에 대한 공포, 근친상간에 대한 불안, 기타 성적 흥분에 따르는 갈등이 불안을 초래한다고 하였다. 이때 불안은 용납되지 않는 무의식적 갈등이나 충동을 억압하라고 알려주는 경고의 역할을 한다.

이 불안이 방어기제의 하나인 억압을 통해 적절하게 제어되지 않으면 대치라는 방어기제를 사용하여 불안을 해결하게 되는데, 그에 대한 대가로 공포증이 생겨나게 된다. 즉, 위협적인 갈등이나 충동이 무의식 속으로 억압되지 않아 불안이 해소되지 않으면, 대치에 의해 불안은 외부 대상으로 옮겨져 그에 대해 공포를 가지게 된다. 이러한 공포의 대상이 변화되거나 일반화를 통해 주변의 사람들에 대해 불안과 두려움을 갖게 되는 것이다.

이때 갈등의 내용과 공포 대상 간에는 직접적으로 또는 상

---

1 오이디푸스 콤플렉스란 3세에서 5~6세까지 아동이 성기에 대한 관심이 높아지는 시기에 성에 대한 관심이 자연스럽게 이성의 부모에 대한 관심으로 넘어가고, 이성의 부모를 사랑하고 소유하고자 하면서 느끼게 되는 갈등을 말한다. 즉, 이런 갈등은 어머니와 아동과의 이자관계에서 아버지에게 사랑받고 사랑하려는 욕구가 강해지면서 생기는 삼자관계를 수용해야 하는 시기에, 세대 간의 간격을 구분하지 못하고 성에 대해 미숙한 환상으로 성과 애착을 구분하지 못하는 아동의 특성으로 인해 부모를 사랑의 대상이자 경쟁자로 보기 시작하면서 겪게 되는 심리내적 갈등을 말한다.

징적으로 관련이 있다. 또한 새로운 공포 대상은 공포증이 있는 사람이 피할 수 있는 것이다. 따라서 사회불안이나 사회불안장애를 갖고 있는 사람은 다른 사람을 만나는 것을 피함으로써 긴장 상황을 해결하려 한다. 이런 회피의 방어기제가 그 사람의 주된 기제로 작용하면 사회불안장애가 계속 유지된다.

2) 대상관계 이론

프로이트의 이론에 영향을 받았지만 상이한 이론적 틀을 지니고 있는 일단의 정신분석가들은 프로이트의 이론이 개인 내적인 심리나 갈등만을 너무 강조하고 주변 인물과의 상호작용을 간과하였다고 비판하였다. 특히 프로이트 이후에 발달한 대상관계 이론에서는 생애 초기 양육자와의 상호작용 경험이 성격구조의 형성과 발달에 매우 중요하다고 강조하였다.

대상관계 이론에서 말하는 대상이란 자신의 충동이나 욕구를 만족시키기 위한 대상이 아니라 관계를 맺는 타인을 의미한다. 대상관계 이론가들은 유아에게는 원초적 욕구인 식욕이나 성욕을 만족시키기 위한 것과는 무관하게 타인과 관계를 맺으려는 기본적인 동기가 있다고 강조하였다. 또한 유아는 이런 동기로 인해 어머니와 관계를 가지면서 대상과의 경험은 물론이고 그 경험에 수반되는 감정 상태까지 내면화하여 대상 표상을 형성한다.

대상표상이란 자신과 관계를 갖고 있는 다른 사람에 대한 내재화된 정신적 이미지를 말한다. 내재화된 정신적인 이미지란 예를 들면 아이가 자라면서 어머니가 곁에 없을 때도 어머니의 이미지를 떠올릴 수 있고 안정감을 찾을 수 있는 것으로, 현실세계에 엄마가 존재하는 것처럼 그 어머니에 대한 상이 아기의 정신적인 내면에 존재한다는 것이다. 따라서 생후 초기 어머니와의 관계가 어떠했는가는 그 아이가 자라서 어떤 대상관계를 가지게 되는가를 직접적으로 결정하게 된다.

이런 내재화된 대상표상은 다른 사람들의 행동과 태도에 대해 어떤 식으로 예상하고 기대하는가를 결정한다. 가령 생애 초기 어머니와 안정적인 애착관계를 형성하고 이를 내재화한 아기는, 자라서 다른 사람들과 인간관계를 이룬 상태에서 그 사람들이 자신의 곁을 떠날 때 불안해하기보다는 안정적인 정서 상태를 유지할 수 있게 된다. 즉, 안정적인 대상표상을 지니고 있으면 지속적으로 안정감을 유지할 수 있고 위협에 대해 방어를 할 수 있다.

반면에, 대상관계가 혼란스럽고 불안정하면 불안에 취약해진다. 만약 양육자의 이미지가 수치스럽게 하거나 굴욕적이거나 조종하거나 거부적일 때 이런 대상표상을 내재화하면, 그 사람은 다른 사람들과의 관계에서도 그러할 것이라고 기대하게 된다. 따라서 대인관계 상황에서 불안을 느끼거나 사람을 만나는 자리를 아예 피하게 된다. 이것이 바로 사회불안장애의 증상들이다.

3) 길버트의 방어-안전 모델

길버트의 방어-안전 모델은 공격성에 대한 생득적이고 생존과 관련된 경향성을 가지고 있기 때문에 전통적인 정신분석학의 요소를 포함하고 있다. 또한 친밀감 형성과 협동적 활동에 대한 생득적인 경향성도 내포하고 있다. 따라서 이 이론은 공격성과 친밀감 형성에 대한 최근의 정보를 통합하고 있다.

길버트는 사회불안장애나 사회불안은 생물학적인 기반이 있는 2가지 생존체계의 활동 수준이 부적절할 때 발생한다고 하였다. 이 모델에 따르면, 대인관계 상황에서 불안을 느끼는 사람은 방어체계의 활동성이 과도하고, 이 방어체계를 조절하는 역할을 하고 있는 안전체계가 제대로 기능하지 못한다고 한다. 방어체계의 기능 중 한 가지는 다른 사람이 자신에게 얼마나 잠재적인 위협이 되는가를 평가하는 것이다. 방어체계가 과도하게 기능하면 다른 사람으로부터의 위협을 지나치게 확대해서 평가한다. 방어체계는 인간관계에 대한 비교를 활성화시키는데, 이것의 핵심은 자신과 비교해서 상대방의 잠재적 지배력을 평가하는 것이다.

안전체계는 상대방이 보여주는 친근하고 비위협적인 제스처를 인식하여 방어체계의 활성화 정도를 약화시키는 기능을 한다. 또한 방어체계와는 대조적으로, 안전체계는 다른 사람과 협동적이고 친밀한 관계를 촉진시켜준다. 즉, 방어체계는 인간관계에 대한 경쟁적인 기능을, 안전체계는 협력적인 기능을 지닌다. 이제 이 2가지 특성을 통해 이것이 사회불안장애가 있는 사람의 승상에 어떻게 작용하는지를 알아볼 것이다.

사회불안과 사회불안장애에 관한 많은 심리생물학적 모델은 불안 증상이 우리 몸 속에 있는 경보체계에서 비롯된다고 보고 있다. 경보체계는 대인관계 상황에서 나타나는 위협에 민감하고 그 사람의 생존과 관련된다. 생존은 결국 환경의 자원에 접근하고 그 자원을 사용하는 것에 달려 있는데, 자원을 이용하는 것은 반드시 대인관계적인 요소를 지닌다. 왜냐하면 자원은 이를 이용하고자 하는 사람들과 경쟁을 하거나 협력을 해야 얻을 수 있기 때문이다.

자원을 획득하기 위한 경쟁은 협력보다 더욱 원시적인 생존 전략이다. 경쟁적인 관계에서 타인은 위협적인 요소로 간주될 것이고, 자원은 다른 사람들이 자원에 접근하지 못하도록 방어하는 식의 경쟁적 기반에서 획득될 수 있다. 지배나 권

력위계는 사회조직의 주된 형태다.

방어체계는 다른 사람으로부터 오는 생존에 대한 위협을 탐지하기 위해서 생긴 것이다. 가령 강도가 접근해오는 상황에서는 방어체계의 기능이 명백하게 드러난다. 또한 직장에서 상하관계나 지배종속의 관계는 직함, 봉급 등의 자원의 평가에서 비롯되는 것이다. 그럼에도 진화론을 주장하는 학자들은 진화의 과정에서 협력적인 행동에 기반을 둔 대인관계가 생존과 환경 적응에 필요하다고 이야기한다. 예를 들어, 사냥과 같이 협력적인 행동을 통해 자원을 더 개발할 수 있다. 이런 협력적인 활동이 진화에 도움이 된다는 것이 분명해진 후에는 사회규범, 노동분담 등과 같이 협력적인 목표에 반하는 경쟁적인 행동을 억제하는 요소들이 발달하게 된다.

경쟁과 협력은 모두 적응적인 것이라고 볼 수 있다. 하지만 이 2가지는 매우 상이한 특징을 지니고 있다. 경쟁은 수직적이고 위계적인 인간관계와 관련되며, 이로 인해 자신과 다른 사람이 지닌 힘과 능력을 비교하게 된다. 이런 상황에서 개인의 목표는 다른 사람에 대한 통제와 우월을 차지하는 것이 된다. 반면에, 협력은 수평적인 인간관계 상황에서 기능을 한다. 사람들은 다른 사람에게 안전신호가령 미소나 악수를 보이면서 접근할 것이다. 협력 상황에서는 능력과 자원이 공유되므로, 다른 사람과의 차이는 최소화되고 집단 내 사람들과는 서로의 가치를 인정하는 분위기가 조성된다.

심리학적인 관점에서 보면 협력은 안전감, 소속감, 인정받고 있다는 느낌과 관련된다. 반면에 경쟁은 권력, 자신의 지위를 방어하기 위한 경계, 보다 우세한 지위를 차지하기 위한 노력과 연관된다. 지속적으로 방어체계가 활성화되어야 하는 경쟁적인 상황은 감정 상태에 부정적인 영향을 줄 것이고, 안전체계의 경우는 반대가 될 것이다.

경쟁적인 환경에서는 방어체계가 적응적이고 유용하지만, 사회불안장애 환자는 필요 이상으로 방어체계를 사용한다. 사회불안장애를 지닌 사람은 자신이 처한 대인관계 상황이 협력적인지 경쟁적인지를 알려주는 단서와 상관없이 경쟁적인 측면에 초점을 맞추어서 다른 사람과 말이나 행동을 주고받는다. 방어체계가 지나치게 활성화되면 잠재적으로 위협이 될 만한 단서에 지나치게 주의를 기울이게 된다. 사회불안장애를 지닌 사람은 자신의 지위를 하락시키려는 적대적인 공격을 받고 있다는 식으로 대인관계 상황을 해석하고는 타인에게 적대적이거나 방어적인 태도를 보인다. 이때 친밀함을 표현하는 신호를 확인하고 그에 따른 반응으로 안전체계를 사용하지 못하면 이런 신호들은 무시되거나 잘못 해석된다. 따라서 협력적인 인간관계가 이루어지지 못한다.

결국 사회불안장애를 지닌 사람은 인간관계에서 즐거운

측면을 간과하고 있다고 볼 수 있다. 따라서 사회불안장애 환자는 만성적으로 방어체계와 관련된 부정적인 감정, 사고 및 행동을 하기 쉽다. 이런 것들의 예로는 자신이 위협받고 있다고 과도하게 느끼는 것이나, 자신을 공격하는 상황으로 잘못 해석하는 것, 또는 자신에 대한 비판에 과민한 것 등이 있다.

이런 증상과 더불어 사회불안장애나 사회불안을 갖고 있는 사람은 협력적인 기능을 사용할 수 없다. 이런 사람들은 대인관계를 협력적인 것으로 바라보지 못하므로 자신이 어떤 일을 잘 못하고 있을 때 다른 사람이 도와주거나 지원해줄 것이라고 기대하지 않는다. 자신과 상대방을 협력적인 관계에서 보지 못하면 열등감, 완벽주의, 타인에 대한 비판적인 태도 등이 나타나게 된다.

길버트Gilbert는 대상관계 이론의 핵심인 타인과의 애착은 주로 안전체계에서 나온 것이라고 제안하였다. 또한 이 안전체계는 보다 나중에 그리고 보다 진보된 형태의 대인관계라고 보았다. ❖

2. 유전 및 생물학적 원인론

유전은 사회불안장애에 영향을 미치는가? 유전성이라는 용어는 DNA와 같은 유전자가 세대 간에 전달되는 것을 말한다. 장애의 유전적 영향력을 알아보는 방법에는 크게 쌍생아 연구와 가계 연구로 나눌 수 있다. 이런 연구들에 따르면, 유전인 요인은 사회불안 및 사회불안장애에 어느 정도 영향을 미친다.

1) 가계 연구

유전의 역할을 연구하는 방법 중 하나는 가족 중에서 장애를 지닌 사람이 얼마나 있고 어떤 관계에 있는지를 알아보는 것이다. 불안장애에 대한 연구결과들은 대체로 친척 가운데 불안장애가 있는 경우가 많음을 보고함으로써 '혈통이 있다'는 개념을 지지해왔다. 또한 사회불안장애를 가진 사람의 직

계가족을 직접 면담한 심리학 연구에 따르면, 사회불안장애
를 가진 사람의 친척들이 그렇지 않은 사람의 친척들에 비해
사회불안장애 환자가 더 많았다.

2) 쌍생아 연구

한 장애가 유전적 영향으로 발생했는가를 알아볼 수 있는
가장 강력한 연구방법들 중 하나는 쌍생아를 연구하는 것이
다. 일란성 쌍생아는 동일한 유전적 구조를 공유하고 이란성
쌍생아는 그렇지 않으므로, 만약 사회불안장애가 일란성 쌍
생아에서 더 흔하게 발생한다면 이것은 사회불안장애에 대한
유전적 영향의 증거가 될 수 있을 것이다.

연구결과, 일란성 쌍생아에게서는 2명 다 사회불안장애를
가지고 있는 경우가 24.4%였고, 이란성 쌍생아에게서는 이
비율이 15%였다. 그러나 유전성에 대한 측정도구를 사용하여
이 장애에 유전이 얼마만큼 기여했는가를 계산한 결과 대략
30% 정도의 유전성을 발견할 수 있었다. 이 정도의 비율을 고
려해볼 때, 사회불안장애의 발생에 있어서 유전적 요인뿐만
아니라 환경적 요인들도 중요하다는 것을 알 수 있다. 결론적
으로 쌍생아 연구들로부터의 자료들은 일관되지는 않지만,
적어도 어떤 사례들에서는 유전적 요소가 있는 것 같다.

쌍생아와 가족의 연구결과들을 종합해볼 때, 사회불안장애를 포함한 불안장애들에는 가족력이 있으며, 유전이 적어도 어떤 사례들에서는 일정 역할을 했다고 볼 수 있다.

3) 행동억제 기질

사회불안장애와 밀접하게 관련되어 있으면서 초기에 발달하는 소인 중 하나는 행동억제라는 기질적 변인이다. 이는 수줍음, 사회적 위축 및 회피, 사회적 불편감 그리고 낯선 상황이나 사람, 대상 및 사건에 대한 두려움 등으로 나타나며, 아주 초기부터 나타나는 행동 특성으로, 아이들의 10~20%가 이런 행동 특성을 보인다.

행동억제 기질이 있는 14~31개월의 유아들은 낯설고 새로운 상황에 놓였을 때 괴로운 소리를 내며 울고, 괴로운 표정을 지으며, 사회적으로 위축되고, 사람들과 상호작용을 하지 않는다. 또한 이들은 도전 상황에 접하게 되었을 때는 더 높은 심장박동률을 보이고 시간이 지나도 심장박동률이 낮아지지 않았다.

나이가 들어도 행동억제 기질이 있는 아동은 시험을 보는 동안에 동공이 더 많이 팽창되고, 입에서 분비되는 침의 코르티솔 수준이 더 높았다. 한편, 에피네프린 활동 수준이 더 높을수록 행동억제의 기질적 특성이 더 많았다. ◆

3. 학습 이론

1) 직접적인 조건형성

사회불안장애는 직접적인 조건형성을 통해 생길 수 있다. 즉, 다른 사람들이 보고 있는 사회적 상황이 창피스럽고 당황스러운 충격적인 경험과 짝지어지게 되면 사회적 상황이 불안을 유발하게 된다는 것이다. 예를 들어, 자신이 다른 사람들 앞에서 어떤 행동을 했을 때 창피스럽고 당황스러운 경험을 했다면, 이후 유사한 상황에 부딪쳤을 때 똑같이 불안해지고 두려워질 것이다. 사회불안장애로 상담소를 찾았던 김 군의 예를 들어보자.

김 군은 대학에 갓 입학하여 첫 미팅에 나갔다. 김 군은 파트너 여대생이 무척 마음에 들었다. 그래서 당황하고 어떻게 해야 될지 몰라 허둥대다 물컵의 물을 쏟았다. 김 군이 어쩔 줄 몰라 하는 모습을 보고 여학생이 웃었다. 김 군은 더욱 당황했고 그 장소에서 도망가고 싶을 정도로 부끄러웠다. 이렇게 되니 얼굴이 굳어지고 입이 얼어버려서 말도 제대로 할 수 없었다. 그러자 여학생도 시큰둥해져 둘은 이야기도 제대로 해보지 못하고 헤어졌다. 그 후 김 군은 미팅 자리에만 나가면 온몸이 어는 것 같고 얼굴이 굳어져서 말을 제대로 할 수 없었다. 몇 번 이런 경험이 반복되면서 김 군은 미팅 자리를 피하게 되었고, 여학생들과 만나는 일상적인 모임에서도 심한 불안감을 느끼게 되었다.

사회불안장애를 지닌 사람들을 만나서 이야기해보면, 많은 사람이 과거에 사회불안장애의 발생과 관련된 심리적으로 충격적인 사건을 경험했다고 말한다. 때때로 그 특정 사건 전에 대인관계 기술이 부족하거나 일을 처리해내는 데 문제가 있을 때조차도 사람들은 자신의 현재 상태는 다 그 사건 때문이라고 말한다. 연구에 따르면, 사회불안장애가 있는 사람의 58%는 충격적인 사건을 경험한 후 사회불안장애가 생겼다고 보고하였다.

직접적인 조건형성으로 사회불안장애가 어떻게 생기는가를 설명하는 것은 매우 단순해 보이지만, 자세히 들여다보면 상당히 복잡하다는 것을 알 수 있다. 한 심리학자는 조건형성 경험들은 진공 상태에서 일어나는 것이 아니라, 다양한 상황 맥락적 변수들과 관련된다고 하였다.

조건형성은 충격적인 단 하나의 사건으로 유발되는 것만은 아니다. 많은 경우에 조건형성은 축적된다. 누적되는 조건형성은 공포반응을 발전시키는 데 불을 댕길 수 있다. 이런 맥락에서 누적되는 조건형성의 결과로 사람들은 사회불안장애에 더 취약한 상태에 있게 됨으로써, 충격적인 경험을 한 사건으로 인해 공포반응이 발생하게 된다.

2) 관찰학습

사회적 상황에서 불안해하고 두려워하는 다른 사람들을 관찰함으로써 사회적 두려움을 배울 수도 있다. 예를 들어, 다른 사람들 앞에서 손을 몹시 떨면서 불안해하고 두려워하는 부모의 모습을 보고 자란 사람은 다른 사람들 앞에서 불안해지고 두려워질 수 있다.

실제로 사회불안장애를 가진 사람의 부모가 다른 불안장애를 가진 사람의 부모에 비해 사회적 상황에서 두려움을 많이 느끼고 다른 사람들의 의견에 더 신경을 쓴다는 연구가 있다. 이를 통해 우리는 유전뿐 아니라 관찰학습이 사회불안장애의 발생에 많은 영향을 미칠 수 있다는 것을 알 수 있다.

무엇보다도 아이들이 가장 먼저 그리고 가깝게 접하는 모델은 부모다. 아동은 인지적 · 정서적으로 미숙하기 때문에 스스로 판단하기보다는 부모를 모방하고 부모의 영향을 많이 받는다. 아이들은 부모가 말하는 것뿐만 아니라 행동하는 것을 잘 모방한다. 예를 들면, 부모가 사회적 상황에서 불안을 보이면 아이들도 유사한 상황에 접하게 될 때 불안하게 느끼기 시작한다. 또 부모가 사회적 상황을 회피하면 아이들도 역시 그런 상황을 두려워하며 피한다.

물론 아이들은 자라면서 부모 이외의 다른 모델들을 접하게 되고 그 사람들을 모방할 수 있다. 하지만 일반적으로 모델로 삼는 사람은 자신에게 중요한 사람이다. 더욱이 언어적 · 비언어적 경로를 통해서 어떤 사람의 행동을 반복해서 접하게 되면, 그리고 모방하려는 사람이 인지적 · 정서적으로 미성숙하다면 여과 없이 관찰학습이 일어날 가능성이 매우 높아진다. 이런 점을 고려할 때 어느 누구보다도 부모의 영향은 매우 크다고 할 수 있다.

하지만 지금까지 사회불안장애가 어떻게 관찰학습을 통해 생길 수 있는가를 직접 검증한 연구들은 없었다. 다만 사회불안장애가 있는 사람의 13%가 관찰학습에 의해 사회불안장애가 생겼다고 보고하였다. 따라서 충격적인 사회 경험을 하는 다른 사람을 관찰함으로써 사회불안장애가 생겨날 수 있다.

3) 정보의 전이

사람들 간의 언어적 · 비언어적 의사소통을 통해 사회불안장애가 습득될 수 있다. 다음에 나오는 심리학 연구는 부모와 아동 사이의 언어적 · 비언어적 의사소통을 통해 아동이 부모가 지닌 공포를 습득할 수 있음을 보여준다.

불안장애가 있는 부모 집단과 정상적인 부모 집단을 자녀들과 함께 정글짐 같은 놀이기구가 있는 곳에서 놀게 하고 부모와 아동의 상호작용을 관찰하였다. 그 결과 불안장애가 있는 부모는 자녀에게 "조심해라" "넘어지지 않게 주의해라" "그렇게 높은 데 올라가지 마라"와 같은 말들을 정상적인 부모 집단에 비해 훨씬 더 많이 하였다. 부모가 이런 식의 말을 많이 하는 것은 아이들에게 놀이를 하거나 친구들과 장난치는 것, 그리고 아이들이 지금 놀고 있는 주변 환경이 위험하다는 의미로 전달될 수 있다.

이 실험실 상황에서 불안장애를 가진 부모가 자녀들에게 하는 의사소통이 평상시 아이들과 하는 상호작용의 특징을 반영한 것이라면, 이를 통해 다음과 같은 사실을 추측해볼 수 있다. 부모가 자녀에게 계속해서 "조심해라" "주의해야 한다"라는 말로 경계 메시지를 전해준다면, 아이는 두려워하거나 피해야 하는 자극이나 상황이 자신의 주변에 널려 있다고 믿기 시작할 것이다. 따라서 이 경우에는 공포가 사회적 상황에서 발생하는 사회불안장애는 아니지만, 사회불안장애로 발전될 수도 있다.

하지만 이런 추측을 직접 사람들을 대상으로 검증하고자 하는 연구는 과학적인 윤리에 위배되므로 쉽게 접근하기는 어렵다. 어떤 부모가 실험에 참가하여 자신의 아이가 사회불안이나 사회불안장애를 갖게 만들고 싶겠는가?

정보의 전이를 통해 사람들을 만나는 것에 대한 두려움이 생긴다는 구체적인 연구자료는 직접적인 조건형성이나 관찰학습보다 훨씬 빈약하지만, 정보의 전이를 통해서 공포반응을 학습하게 되었다고 추측할 수 있는 결과가 있다. 한 심리학 연구에 따르면, 사회불안장애가 있는 사람들 가운데 일부가 정보의 전이를 통해서 사회불안장애가 생겨났다고 보고하였다. ◈

4. 인지행동 이론

인지 이론에서는 생각이 인간의 행동이나 감정에 영향을 준다는 점을 강조한다. 이 이론에 따르면, 우리가 일상생활에서 흔히 경험하는 불안이나 우울과 같은 부정적인 감정은 부정적인 일 자체 때문에 생겨난다기보다는 그 일을 어떻게 받아들였는가, 즉 그 일을 어떻게 지각하고 해석했는가에 의해 일어난다.

한 교수가 강의를 하고 있는데, 50명의 학생 중 5명이 집중을 하지 않고 딴짓을 하고 있다고 가정해보자. 이 일에 대해 교수가 '내 강의가 재미없나봐. 5명이나 딴짓을 하고 있어. 나는 강의도 잘 못하는 무능한 교수야'라고 생각한다면 매우 위축되고, 불안하며, 우울해질 것이다. 심지어 교수는 강의를 서둘러 끝낼 것이고, 다음에 강의를 할 때는 자신감 있게 하지 못할 것이다. 반면에 '45명이나 초롱초롱하게 듣고 있네'라고 생각한다면 불안하거나 우울해지지 않을 것이고, 자기가 준비한 강의를 계속 열심히 할 것이다. 이와 같이 똑같은 상황이라도 우리가 이것을 어떻게 생각하느냐에 따라 감정이나 행동이 엄청나게 달라질 수 있다.

불안해지거나 우울해지는 것은 부정적인 일이 일어났기 때문이라기보다는 어떤 일을 왜곡해서 지각하고 해석하기 때문이다. 그렇다면 이런 잘못된 사고방식은 왜 일어나는 것일까? 인지 이론가들은 부정적인 사고방식의 기저에는 역기능적인 신념이 있다고 주장한다. 역기능적 신념은 어려서부터 경험을 통해 습득된 절대주의적이고 지나치게 경직되어 있는 잘못된 신념체계를 말한다. 이런 역기능적 신념 때문에 사회불안장애가 생겨난다고 할 수 있다.

임상장면에서 이루어진 연구들을 살펴보면, 사회불안장애가 있는 사람은 다른 사람들이 자신을 지켜보는 것을 두려워하고 자신의 행동으로 인해 창피스럽고 당황스러울까 봐 걱정을 한다. 이와 같이 사회불안장애가 있는 사람은 다른 사람들과 같이 있을 때 자신의 행동이 부적절하다고 믿고, 다른 사람들이 자신을 평가하거나 비난할 것이라고 생각한다. 이런 특징으로 볼 때 사회불안장애의 발생과 유지 및 치료에 있어 '인지'가 중심적 역할을 하고 있으며, 이런 점에서 사회불안장애에 대한 인지적 접근은 매우 중요하다고 할 수 있다.

1980년 이후 인지적 입장에서 사회불안장애를 다룬 많은 연구에 힘입어 많은 심리학자가 사회불안장애에 대한 인지 모델을 제안하였고, 이 중에서도 클락과 웰즈의 인지 모델(Clark & Wells, 1995)이 가장 각광을 받고 있다. 클락과 웰즈는 벡의 불안장애에 대한 인지 이론의 기반 위에 사회불안장애의 발생과 유지를 설명할 수 있는 중요한 변인들을 추가하여 사회불안장애에 대한 인지 모델을 제안하였다. 이 모델은 사회불안장애의 여러 접근과 증상을 통합하여 설명하고 있으며, 이 장애가 어떻게 생겨나고 유지되는가에 대한 많은 정보를 제공해 준다.

1) 인지 이론

(1) 인지 모델의 개요

클락Clark과 웰즈Wells의 인지 모델(1995)에서는 사회불안장애가 있는 사람이 두려운 사회적 상황을 접할 때 일어나는 과정들을 설명하고 있다(그림 참조). 사회불안장애가 있는 사람은 자신의 이전 경험을 바탕으로 자신과 사회적 상황에 대해 '상대에게서 나를 좋아하는 것이 보이지 않는다면, 그 사람은 나를 싫어하는 것이다' '모든 사람이 나를 좋아하지 않는다면, 나는 가치가 없는 존재다' '나는 무능하고 부족하다' 등의 역기능적 신념을 발달시키게 된다.

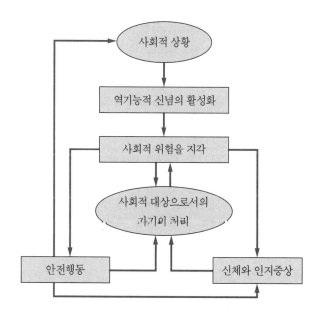

〈클락과 웰즈의 인지 모델〉

이런 역기능적 신념들로 인해 사회불안장애가 있는 사람은 정상적인 사회적 상황들을 부정적인 방식으로 해석하며 위험이 있다고 생각한다. 예를 들면, 얘기 도중 우연히 상대방이 하품을 하면, 자기와 얘기하는 것이 지루해서 하품하는 것이라고 생각한다. 일단 사회적 상황을 이와 같이 위험하다고 생각하게 되면, 진화적으로 과거로부터 물려받은 '불안 프로그램'이 자동반사적으로 활성화된다.

이 불안 프로그램은 서로 연결되어 있는 3가지 요소로 구분 될 수 있다. 첫 번째 요인은 불안의 신체적 · 인지적 증상들이 다. 즉, 얼굴이 붉어지고, 가슴이 두근거리며, 몸이나 목소리 가 떨리고, 땀이 나며, 주의집중이 되지 않고 아무 생각도 나 지 않는다.

두 번째 요인은 불안을 줄이고 남들에게 부정적으로 평가 받지 않기 위해서 하는 안전행동들이다. 주의를 끌지 않으려 고 노력하는 것, 시선접촉을 피하는 것, 자신이 말하는 것을 검열하는 것, 연설 도중에 중단을 피하는 것이 대표적인 안전 행동들이다.

가장 중요한 세 번째 요인은 주의를 자기 쪽으로 바꾸는 것 과 자기 스스로에게 느껴지는 것을 사용하여 자기의 사회적 인상을 형성하는 것이다. 사회불안장애가 있는 사람은 다른 사람들로부터 부정적 평가를 받을 위험성이 있다고 생각하게 되면 자신을 세밀히 검색하고 관찰하는 쪽으로 주의를 돌리게 된다. 이렇게 내적인 변화에 온 신경이 집중되면 스스로 느껴 지는 것에 주목하게 되고, 이것을 사용하여 자신의 사회적 인 상을 형성하며, 이런 자기의 사회적 인상이 다른 사람들이 실 제로 자기를 관찰하고 있는 모습이라고 가정한다. 이렇게 되 면 다른 사람들이 자신을 부정적으로 볼 것이라는 생각은 내 적으로 생성된 부정적 정보에 의해 더욱더 확신이 되고, 외부의 사회적 단서들을 파악하지 못하고 적절하게 반응하지 못하게 된다.

지금부터 사회불안장애의 인지 모델에 대해 좀 더 자세히 살펴보자. 먼저, 일상적인 사회적 상황을 위협적으로 해석하게 함으로써 사회불안장애를 일으키는 역기능적 신념에 대해 살펴볼 것이다. 또한 사회불안장애가 있는 사람이 사회적 상황이 위협적이라는 생각을 버리지 못하게 만드는 과정들에 대해 자세히 살펴볼 것이다. 앞에 기술하는 2가지 과정이 사회불안상애가 있는 사람이 두려운 상황에 처했을 때 하는 것이라면, 세 번째 과정은 상황에 처하기 전후에 하는 것과 관련된다.

(2) 사회불안장애의 역기능적 신념

인지 모델에 따르면 사회불안장애가 있는 사람은 자신과 자신의 수행방식에 대해 일련의 역기능적 신념들을 가지고 있는데, 이런 역기능적 신념으로 인해 일상적인 사회적 상황을 위협적인 방식으로 해석하게 된다. 이들의 역기능적 신념들 중 중요한 3가지 유형은 다음과 같다.

① 사회적 수행에 대한 과도하게 높은 기준

'나는 모든 사람의 인정을 받아야 한다' '연약한 모습이 조금이라도 드러나서는 안 된다' '불안하다는 것을 다른 사람에게 들켜서는 안 된다' '나는 똑똑하고 재치 있고 자연스러운 사람으로 보여야 한다' 등이 있다. 이와 같은 과도하게 높은 기준은 현실적으로 달성하기 어렵기 때문에 불안을 야기한다.

② 사회적 평가와 관련한 조건적 신념

'내가 실수를 한다면, 다른 사람들은 나를 거부할 것이다' '다른 사람이 내 진짜 모습을 안다면 나를 좋아하지 않을 것이다' '다른 사람의 말에 반대의사를 표명하면 상대는 나를 어리석다고 생각할 것이다' 등이 있다.

③ 자기와 관련한 무조건적 신념

우울한 사람들처럼, 사회불안장애가 있는 사람은 자신의 가치에 대해 부정적인 신념을 가지고 있다. 예를 들면, '나는 다른 사람들보다 부족해' '나는 매력적이지 않아' '나는 부적절해' 등이 있다.

그러나 우울한 사람과 사회불안장애가 있는 사람의 자기개념 간에는 중요한 차이가 있다. 우울한 사람의 자기개념은 비교적 안정적이고 우울 증상이 나타나는 동안 일정하게 지속되는 반면에, 사회불안장애가 있는 사람의 자기개념은 불안정하다. 사회적 상황에서는 자기에 대한 관점이 불확실하고 부정적이지만, 혼자 있거나 편안한 사회적 상황에서는 자신을 긍정적으로 보기도 한다. 부정적인 자기개념은 자신을 평가할 지도 모른다고 생각하는 사람들과 함께 있을 때에만 주로 촉발되는 것으로 보인다.

(3) 사회적 상황에서 보이는 변화 과정

① 주의 초점의 변화와 느낌으로 자신의 사회적 인상 만들기

사회불안장애가 있는 사람이 사회적 상황에 처할 때 나타나는 가장 중요한 변화 중 하나는 주의의 초점이 변하는 것이다. 일단 다른 사람들로부터 부정적 평가를 받을지도 모른다고 생각하게 되면 자신을 세밀히 검색하고 관찰하는 쪽으로 주의가 바뀌게 된다. 이렇게 주의가 자기 쪽으로 변경되면 자신의 불안반응을 더 쉽게 자각하게 되고, 외부 정보상황과 다른 사람의 행동를 제대로 보지 못하게 된다.

게다가 사회불안장애가 있는 사람은 주의를 내부로 돌려서 스스로 느끼는 것에 주목하고 이것을 사용하여 자신의 사회적 인상을 형성한다. 그리고는 그 인상이 곧 다른 사람들이 자신에 대해 실제로 관찰하는 것이라고 생각한다. 즉, 사회불안장애가 있는 사람은 다른 사람들이 자신에 대해 어떻게 생각하는지에 대한 단서를 얻기 위해 다른 사람들을 자세히 관찰하

는 대신에, 주의를 내부로 돌려서 스스로 느끼는 것에 주목하고 이런 정보가 다른 사람들의 평가와 관련이 있다고 자동적으로 가정한다. 이런 과정을 통해서 창피하다고 느낀 것을 실제 창피당한 것과 같은 것으로, 불안하다고 느낀 것을 눈에 띄게 불안반응을 보인 것으로 해석한다.

이러한 등식으로 인해 상당한 왜곡이 일어나게 된다. 예를 들면, 자신이 심하게 떤다고 느끼는 사회불안장애가 있는 사람은 다른 사람들이 자신의 손이 심하게 떨리는 것을 보고 있다고 가정한다. 하지만 실제로 다른 사람들은 단지 미세한 떨림만을 보거나 아니면 전혀 아무것도 보지 못할 수 있다.

이러한 정보처리의 편향은 임상적으로 중요하다. 사회불안장애가 있는 사람은 일상적인 사회적 경험에서 혹은 행동치료 프로그램에서 사용되는 직면 훈련두려운 상황에 직면하는 훈련에서 상대적으로 큰 이익을 얻지 못하는 것 같다. 왜냐하면 사회불안장애가 있는 사람은 사회적 상황에 처할 경우, 자신의 두려움 때문에 생긴 부정적 감정들을 생각할 뿐 실제로 일어나고 있는 것을 확인해보지 않기 때문이다. 이것이 바로 수줌음과 사회불안장애의 근본적인 차이일 것이다. 수줌은 사람은 사회불안장애가 있는 사람과 비슷한 부정적인 기대를 가지고 사회적 상황에 임할 수는 있지만, 사회불안장애가 있는 사람과는 달리 다른 사람들의 실제 반응을 비교적 있는 그대로 관찰함으로써 부정적 생각과 불안을 멈출 수 있다.

이러한 처리방식이 부적응적임에도 사회불안장애가 있는 사람은 왜 이러한 방식을 사용하는 것일까? 여기에는 2가지 가능한 설명이 있다.

첫째, 일상적인 사회적 상호작용에서는 다른 사람들이 자신을 어떻게 볼지에 대해 분명한 정보를 주는 단서가 별로 없다는 점이다. 정상적인 사람은 다른 사람들이 자신을 긍정적으로 받아들일 것이라는 자신이 있거나, 긍정적으로 받아들이지 않는다 해도 이를 별로 중요하게 생각하지 않는다. 그러나 사회불안장애가 있는 사람은 다른 사람들이 부정적으로 평가할 가능성에 의해서 크게 위협을 받기 때문에 평가와 관련된 정보를 찾으려는 동기가 강하고, 외부 정보가 애매할 때 자신의 내부 정보를 사용한다.

둘째, 다른 사람이 자신을 어떻게 평가할까와 관련된 정보를 얻기 위해 사용되는 많은 방식예: 시선접촉, 타인의 반응을 직접 물어보기 등은 사회불안장애가 있는 사람에게는 상당한 위협이 될 수 있다. 따라서 실제적인 외부 정보보다는 안전하다고 생각되는 내부 정보에 더 많은 주의를 기울이게 되는 것이다.

② 안전행동

사회불안장애가 있는 사람은 사회적 상황에서 부정적으로

평가받을 수 있는 위험성을 줄이기 위해 다양한 안전행동을 한다. 특정한 안전행동과 이들이 두려워하는 결과 사이에는 정확히 관련되는 경우가 많다. 예를 들어, 말을 하면서 중간에 잠시라도 중단하게 되면 다른 사람들이 자신을 불안한 사람으로 보고 부정적으로 평가할 것이라고 생각하는 사람은, 말할 내용을 미리 상세히 암송할 것이고, 매우 빠른 속도로 말을 할 것이다. 음료수를 마시면서 손이 떨릴지도 모른다는 두려움을 지닌 사람은 컵을 힘주어 꽉 잡게 된다.

이러한 안전행동은 3가지 이유에서 문제가 된다. 첫째, 사회불안장애가 있는 사람은 자신이 생각한 끔찍한 결과가 일어나지 않은 것을 자신이 안전행동을 했기 때문이라고 생각한다. 따라서 그들은 '내가 두려워하는 행동예: 손을 떠는 것을 하게 되면 끔찍한 일예: 창피함, 거부감 등이 일어날 것'이라는 자신의 부적응적인 생각을 버리지 못하게 된다. 둘째, 어떤 경우에는 안전행동이 불안 증상을 증가시킬 수 있다. 예를 들어, 컵을 꽉 잡는 안전행동은 손을 더 떨리게 만든다. 셋째, 안전행동은 상대방으로부터 부정적인 반응을 유발할 수 있다. 예를 들면, 우습거나 잘못된 말을 할까 봐 사회적 상황에서 말을 적게 하는 사회불안장애가 있는 사람의 경우 상대방에게 대화를 재미없어 하는 것처럼 보일 수 있고, 따라서 상대방이 덜 따뜻하고 덜 호의적으로 반응할 수 있다.

③ 예기 및 사후 정보처리

사회불안장애가 있는 사람은 상당한 예기불안을 보고하는 경우가 많다. 그들은 사회적 상황에 임하기 전에 일어날지도 모른다고 생각하는 것을 상세히 검토한다. 그들의 머리에는 과거에 실패했던 기억들, 그 상황 속에 있는 자신에 대한 부정적 이미지, 비난과 거부에 대한 예상 등의 생각으로 가득 차게 된다. 이러한 반추의 결과로 완전히 그 상황을 회피해버리거나 마지못해 임하지만 주의의 초점은 이미 자신에게로 향하여 실패할 거라고 기대하고, 따라서 다른 사람들의 우호적이고 수용적인 태도를 제대로 주목하지 못하게 된다.

사회적 상황을 벗어나면 사회적 위험은 더 이상 존재하지 않으며 따라서 불안도 급속히 사라진다. 그러나 부정적인 사고와 고통이 즉각적으로 끝나는 것은 아니다. 대부분의 사회적 상호작용의 성격상 자신을 다른 사람들이 어떻게 평가했는지에 대한 분명한 단서가 없기 때문에, 이들은 사회적 상황이 끝났어도 그 일에 대해 오래도록 세밀하게 검토한다.

2) 수용전념치료

수용전념치료Acceptance and Commitment Therapy: ACT는 인지행동치료의 '제3의 흐름'이라 불리는 치료적 접근의 선두에 있는

치료다. 수용-전념치료는 헤이스Hayes 등(Hayes et al., 1999)에
의해 개발되었으며, 사회불안장애를 포함한 불안장애, 우울,
강박장애, 스트레스 등과 같은 다양한 임상적 문제와 심리 장
애에 효과적인 것으로 검증된 치료다. ACT는 심리적 유연성
을 증진시키는 것을 목표로 한다. 즉, 인간으로서 현재 순간과
온전히 만나고 선택된 가치를 위해 행동을 유지하거나 바꾸는
것을 목표로 한다. 즉, 수용과 변화의 과정으로 요약할 수 있
다. 심리적 유연성은 6가지 핵심 수용-전념치료 과정을 통해
얻어질 수 있다. 첫째, 수용이다. 수용은 경험의 다양한 측면
에 대해 존중하며, 의도적으로 열고, 수용적이며, 비판적인 자
세를 취하는 것이다. 즉, 경험을 기꺼이 받아들이는 것이다.
수용은 가치 있는 삶을 살기 위한 필요 과정이다. 둘째, 나의
생각을 관찰하기인지적 탈융합다. 생각을 있는 그대로 바라보는
것이다. 앞의 전통적 인지 이론에서 '내가 이렇게 버벅거리는
것을 보면 다른 사람들이 바보 같다고 생각할 거야'라는 생각
의 타당성, 현실성 또는 유용성을 검토해보았다면, 수용-전념
치료에서는 내가 '내가 이렇게 버벅거리는 것을 보면 다른 사
람들이 바보 같다고 생각할 거야'라는 생각을 하고 있다는 것
을 알아차리고 있는 그대로 바라보는 것이다. 셋째, 지금 여기
에 있기현재에 머무르기다. 현재 순간에 대한 유연한 주의는 '지금
여기'에서 일어나는 경험에 초점을 두며, 자발적이고 유연한

태도로 주의를 기울이는 것을 말한다. 현재에 머무르기 위해
서는 먼저 내적 경험을 관찰하고, 다음으로 어떤 판단이나 평
가 없이 경험을 있는 그대로 받아들이는 것이다. 넷째, 관찰적
자기맥락적 자기다. 순간의 특정한 경험에 관계없는 지속적이고
안정적인 나의 모습이다. 좀 더 견고하고 안정적인 자기감을
개발하는 것이 목표다. 다섯째, 무엇이 중요한 것인지를 아는
것가치이다. 가치는 내가 진정으로 살고 싶은 삶의 방향을 의미

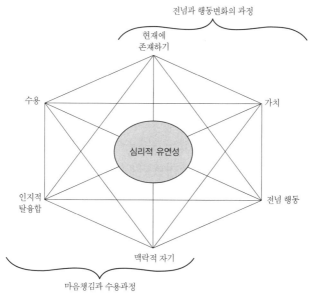

수용전념치료의 6가지 핵심 치료과정

출처: 최영희, 유은승, 최지환(2012).

한다. ACT에서는 각자의 삶의 여러 영역에서 자신의 삶의 방향을 명확히 하는 것을 돕는다. 여섯째, 가치 있는 행동하기전념행동. 자신의 삶의 가치가 명확해진 후 가치에 맞는 구체적인 행동을 하도록 전념하는 것이다. 6가지 과정 중 처음 네 과정은 수용의 과정이고 뒤의 네 과정은 변화의 과정이다. 현재에 머무르기와 맥락적 자기는 지금 여기를 포함하고 있기 때문에 2개의 과정에 다 포함된다. ACT에서는 심리적 유연성을 기르기 위해 수용과 행동 변화 과정 둘 다가 필요하다.

그렇다면 사회불안을 ACT의 관점에서 보자. 두려움과 불안은 피하려고 하면 할수록 커진다. 당신이 아마 사회불안과 공포증으로 오래 고생한 경험이 있다면, 아마 무엇이라도 해 봤을 것이다. 그 방법이 효과적이었는가? 효과적이었다면 이 책을 아마 보지 않았을 수 있다. 사회불안은 우리가 살아있는 동안 피할 수 없는 필요한 감정이고 피한다고 해서 피해지는 것이 아니다. 또한 누구나 사회불안을 느낀다. 구덩이에 빠진 사람이 나오기 위해 구덩이를 팔수록 더 구덩이에 빠질 뿐이라는 ACT의 유명한 비유처럼, 두려움과 불안은 피하려고 하면 할수록 물귀신처럼 들러붙으면서 더 커진다. 피할 수 없다면 즐겨라. 두려움과 불안을 기꺼이 직면하면 할수록 별 거 아닌 것이 되어버린다. 사회불안과 두려움에 대한 당신의 대안은 오직 불안과 두려움을 받아들이고 기꺼이 경험하는 것뿐이

〈공포반응의 형성 및 유지〉

다. 기꺼이 경험하면서 직면하는 것뿐이다.

소중한 당신은 없앨 수 없는 사회불안과 두려움을 없애느라 시간낭비하지 말고 기꺼이 받아들여라. 당신은 더 가치 있는 일에 당신의 소중한 시간과 자원을 써라. ACT에 대한 더 깊은 이해를 원하는 독자는 『마음에서 빠져나와 삶 속으로 들어가라』(문현미, 민병배 공역, 2010)를 참조하면 도움이 될 것이다.

이제 당신에게는 중요한 2가지 선택이 놓여 있다. 오른쪽 길은 수용과 기꺼이 경험하기의 길이며 진정으로 당신이 원하는 삶을 향한 길이다. 왼쪽 길은 당신에게 익숙한 통제와 회피의 길이다. 어느 길도 만만치 않지만 1년 후, 10년 후, 생을 마감할 때를 생각해보라. 오른쪽 길은 도전이 있고 힘이 들지만 차츰 나아지고 당신이 원하는 삶을 살 수 있다. 왼쪽 길은 당신에게 익숙하지만 1년 후, 10년 후, 당신이 생을 마감하는 그 순간에도 불안을 통제하기 위해 피하려고 애쓰다가 당신의 아까운 인생을 다 바칠 길이다. 당신은 어떤 선택을 원하는가? 헤이스Hayes의 말이 당신에게 조금이라도 도움이 되길 바란다. ◆

> 인생은 선택이다. 여기서 선택은 고통이 있느냐 없느냐에 대한 것이 아니다. 가치 있고 의미 있는 삶을 살 것이냐 아니냐에 대한 것이다.
>
> 당신은 지금껏 충분히 괴로움을 겪어왔다. 이제 당신의 마음에서 빠져나와 당신의 삶에 참여하라.

− 문현미와 민병배(2010)의 『마음에서 빠져나와 삶 속으로 들어가라』에서 발췌.

5. 부모의 양육방식

사회불안장애는 생물학적이고 기질적인 소인에 의해서 발생하기도 하고, 직접적인 조건형성이나 관찰학습, 정보전이 등을 통해서도 생겨날 수 있다. 그러나 모든 사회불안장애가 이런 방법들을 통해서 생기는 것은 아니다. 어떤 사람들은 부모의 특정한 양육방식으로 인해 다른 사람들보다 사회불안장애를 더 잘 발달시키는 것 같다. 부모가 아이에 대해 어떻게 느끼고 어떻게 대하는가에 따라 아동의 자기개념의 기초가 만들어진다. 부모가 아이를 소중하고 꼭 필요한 존재로 여길 때 그 아이는 자기를 그런 사람이라고 생각하게 된다.

하지만 부모가 여러 가지 이유에서 아이를 귀찮아하고 자기 인생의 걸림돌이라고 생각한다면 아이는 자신을 귀중하고 필요한 존재로 생각하지 못하고 뭔가 부족한 존재로 생각하게 된다. 심리학 연구들에 따르면, 부모는 다음과 같은 방식으로 아동에게 영향을 미칠 수 있다.

1) 부모와의 불안정한 애착 형성

어린아이는 어머니에게 매달리고 따라다니는 애착행동을 보인다. 이때 아이의 행동에 대해 어머니가 일관성 있게 수용적이고 따뜻하게 대하면 아이는 안정된 애착을 형성한다. 이렇게 어머니와의 안정된 애착을 형성한 사람은 성인이 되어서도 타인에 대해 신뢰감을 갖고 지나치게 의존함이 없이 친밀한 인간관계를 맺을 수 있다. 반면, 아이의 애착행동에 대해 어머니가 적절하게 반응해주지 못하여 아이의 애착 욕구를 좌절시키게 되면 아이는 불안정한 애착을 형성하게 된다.

최근 20년간 장기적으로 유아의 불안한 애착 유형과 아동 및 청소년기의 불안장애와의 관계를 알아본 연구에 따르면, 유아기에 불안한 애착을 보였던 사람 중 28%가 나중에 불안장애를 겪은 반면, 그렇지 않은 유아는 13%만이 불안장애를 겪었다. 이는 거의 2배에 해당하는 비율로, 이들이 주로 보인 불안장애는 분리불안장애나 과잉불안장애 또는 사회불안장애였다.

이 연구가 비록 초기 애착과 사회불안장애 간의 특정한 관계를 보여주는 것은 아니지만, 불안한 애착 유형이 사회불안장애의 발달에 위험요인이라는 것을 알려준다. 즉, 아이의 애착행동에 대해 어머니가 수용적 반응과 거부적 반응을 일관성 없이 변덕스럽게 보이게 되면 아이는 불안한 애착을 형성하게 된다. 이로 인해 아이는 어머니에 대해 안정된 신뢰감을 느끼지 못하고 어머니가 자신을 사랑하는지에 대해 불안해하면서, 어머니의 사랑을 확인하려고 지나치게 매달리거나 눈치를 보게 된다. 이러한 아이는 자라서도 타인의 인정과 사랑에 과도하게 집착하고, 타인의 사소한 거부나 무시에도 예민하게 반응하게 된다.

2) 부모에 의한 사회적 접촉의 차단

일반적으로 어린아이들의 대인관계적 상호작용의 기회는 부모에 의해 주어지기 마련이다. 수줍음을 잘 타고 사회불안장애가 있는 어머니는 아이가 다양한 사회적 상황에 접하지 못하게 함으로써 사회불안장애에 빠지게 할 수 있다.

한 심리학 연구에 따르면, 불안한 아동의 부모는 아동의 회피행동을 강화하고, 용기 있는 행동을 못하게 막는 경향이 있으며, 불안으로부터 자녀를 보호하기 위해 모든 것을 대신해 주려고 하는 경향이 있었다. 결과적으로 사회불안장애를 치료하는 데 있어서 가장 중요한 것은 두려운 상황에의 직면임에도 불구하고, 이런 부모는 아동을 지나치게 보호함으로써 아동이 두려워하는 상황에 직면하지 못하게 하였다.

3) 타인의 평가에 대한 민감성과 수치심 교육

부모가 타인의 시선에 관심이 많고, 자녀들이 사회적으로 적절하게 행동하지 못했을 때 수치심을 느끼도록 교육하게 되면, 그 자녀들은 사회불안장애에 더 잘 걸릴 수 있다. 이런 부모는 늘 다른 사람들의 시선과 반응에 신경을 쓰므로 자녀들에게도 외모나 언행에 대해 적절한지 아닌지를 점검하게 하고, 적절하게 행동하지 못한 경우에는 수치심을 느끼도록 교육한다. 따라서 이런 방식으로 길러진 사람들은 늘 다른 사람들을 의식하게 되고, 다른 사람들이 자기를 조금이라도 좋지 않게 평가할 가능성이 있게 되면 불안해한다.

4) 경직된 양육방식

사회불안장애가 있는 아이들의 아버지는 좀 더 경직된 성격양식을 가진 것으로 밝혀졌다. 또한 이런 아이들은 다른 아이들에 비해 가정 분위기가 더 엄격하다고 보고하였다. 부모가 권위적이고 경직된 방식으로 아이를 교육하게 되면 아이들은 부모의 눈치를 지나치게 살피게 되고, 부모가 원하는 대로 맞추어야 된다고 생각하며, 누군가가 자신을 늘 평가한다고 느끼기 쉽다. 이럴 경우 자신의 내적 기준보다는 다른 사람들의 기준이나 평가가 더 중요해지므로 사회불안장애에 걸리기 쉬워진다. ◆

사회불안장애를
어떻게 치료할 것인가

3

1. 정신분석치료

공포증에 대한 정신분석치료는 일반적으로 공포의 이면에 있는 심리내적 갈등을 찾아내는 데 초점을 맞추고, 공포증 자체는 잠재된 갈등을 상징하는 것으로 간주되기 때문에 직접적으로 다루지 않는다. 또한 공포로 인한 회피행동을 직접적으로 감소시키는 시도도 금지된다. 그 이유는 공포가 이보다 더 고통스러운 억압된 갈등으로부터 환자를 보호하는 역할을 한다고 가정되기 때문이다.

전통적인 정신분석에서는 억압을 제거하는 데 도움을 주는 여러 가지 기법을 통해 공포증의 이면에 있는 갈등의 근원을 추적해간다. 사회불안장애의 이면에 있는 무의식적인 소망, 욕구, 갈등 등을 의식화하여 자각하고 이해함으로써 이런 유아적인 소망이나 욕구는 좌절될 수밖에 없다는 것을 깨닫고 이를 점차적으로 포기하며 조금씩 현실을 받아들여야 한다.

정신분석을 오해하는 것 중 하나는, 자신의 문제를 부모나 다른 사람의 탓으로 돌리는 것이다. 갈등의 근원 중 하나로 부모의 양육 태도가 현재의 나를 만들었다고 비난할 것이 아니라, 부모도 부족한 한 인간임을 받아들이고 부모에게 가졌던 자신의 비현실적인 기대나 왜곡된 좌절을 깨닫는 것이 중요하다. 이런 이해를 바탕으로 할 때 자신을 부모로부터 심리적으로 독립시킬 수 있으며 맹목적으로 부모와의 관계에 매달리지 않게 된다. 무의식적 소망을 의식화하여 자기화하고, 포기할 것은 포기하며, 현실적이고 자유로운 선택을 할 수 있게 되면, 이와 같이 자신을 희생양으로 만들면서 부모를 원망하는 것을 포기하고 편안하게 자신의 마음을 들여다볼 수 있는 여유가 생기게 된다.

사회불안장애가 있는 사람은 비록 자신의 증상에 대한 통찰을 얻었다 하더라도 금방 공포 증상이 좋아지지 않는 경우가 많다. 따라서 이들이 자신의 문제에 대한 통찰을 바탕으로 두려운 실제 사회적 상황에 직면할 수 있도록 도와주는 것이 필요하다. 이런 직면 훈련을 하는 데 있어서 통찰치료는 통찰한 것을 행동으로 옮기도록 하는 원동력이 된다. 이러한 통찰치료를 통해 공포증의 근원, 이차 이득, 저항의 의미, 공포자극에 대처하는 보다 더 건강한 방법 등을 깨달을 수 있게 되고, 공포 상황에 직면할 수 있는 용기가 생기게 된다. 지지치료, 가족치료, 최면술도 공포증의 치료에 사용될 수 있다.

다음은 저명한 정신분석가인 가바드Gabbard의 치료 사례다.

P군은 MBA를 졸업하고 직장에서 높은 위치에 있는 25세의 행정사무관이다. 그는 업무관계나 사회적 상황에서 새로운 사람들을 만나는 것에 극심한 두려움을 느끼는 사회불안장애로 고통을 겪고 있었다. 또한 업무 중에 사람들 앞에서 말을 해야 할 때마다 심한 불안을 느꼈다. 그는 두려운 상황에 처할 때면 숨이 가빠지고, 문장을 끝맺지 못할 정도로 말을 더듬거리곤 하였다.

P군이 높은 자아강도, 높은 동기수준, 상당한 심리학적 지식, 증상의 핵심 성질, 전반적으로 우수한 기능 등을 갖추고 있다는 점을 고려하여 단기역동치료가 추천되었다. 다음은 3회기의 내용으로, P군이 새로운 사람들을 만나는 상황에서 가장 두려운 부분은 자신을 소개하는 것임이 밝혀지면서 다음의 대화가 진행되었다.

치: 당신의 이름을 소개할 때 어떤 점이 어려운가요?

환: 모르겠어요.

치: 당신의 이름을 잠시 동안 생각해보세요. 무엇이 떠오르나요?

환: (침묵) 글쎄, 아버지의 이름이요.

치: 그것이 당신에게 어떠한 느낌으로 다가오나요?

환: 약간 불편한 것 같아요.

치: 왜 그렇죠?

환: 글쎄…… 저는 아버지와 별로 관계를 가져본 적이 없어요. 네 살 때 아버지가 엄마를 떠난 이후로 저는 아버지를 거의 보지 못했어요.

치: 아버지가 떠난 후 당신은 어머니하고만 살았군요?

환: 맞아요. 엄마는 재혼하지 않으셨고, 저는 어릴 때부터 집안의 가장 노릇을 해야 했어요. 하지만 그렇게 무거운 책임을 질 준비가 아직 되어 있지 않았어요. 저는 항상 그것에 분개했어요. 어린아이였을 때 사람들은 모두 저보고 어른처럼 행동한다고 말했어요. 진정 제 안에는 아이가 자리하고 있는데 어른인 척하고 있다고 느꼈기 때문에 그런 말들이 저를 괴롭게 했어요. 저는 제가 무척이나 어리석게 느껴졌어요. 만약 사람들이 그런 제 모습을 알게 된다면 아마 저에게 화를 낼 거예요.

치: 바로 그것이 당신의 이름을 소개할 때마다 즉시 당신에게 느껴지는 것이 아닌가 생각됩니다.

환: 저도 그런 상황에서 제게 느껴지는 것이 바로 그것이 아닌가 생각해요. 제 이름을 말하는 것은 제가 제 아버지가

되려고 한다는 것을 말하는 것과 같아요.

치료자는 해석을 통해, P군이 너무 일찍 아버지의 자리를 채우려고 한 것에 대한 죄책감과 부끄러움이 사회불안장애와 관련된다는 것을 깨닫도록 도왔다. P군은 다른 사람들이 자신의 이러한 의도와 가장을 알아차리고 자신을 비난할 것이라고 상상했다. P군은 발달 단계의 중요한 시점에서, 아버지의 결핍으로 인해 자신이 어머니에게 아버지의 역할을 대신해야 했디. 그 때문에 그는 아버지로부터의 서세나 처벌을 두려워했다.

이런 무의식적 갈등은 위협적이기 때문에 그는 대치라는 방어기제를 사용하였다. 즉, 진정으로 두려운 상황인 아버지 역할을 하는 상황을 자신의 이름을 소개하는 다소 사소하고 관계없어 보이는 상황으로 대치하였다. P군은 자신의 이런 무의식적 갈등을 통찰하게 되었고, 이런 이해를 바탕으로 두려운 상황에 직면하는 치료를 받게 되었다. 그 후 사회불안장애를 극복하여 직장이나 사회에서 편안하고 원활하게 활동할 수 있게 되었다. ◆

2. 인지행동치료 1: 생각을 바꾸면 세상이 달라진다(전통적 인지행동치료)

최근 정신건강 전문가들은 우리의 생각이 행동과 감정에 강한 영향을 미친다는 것을 인식하기 시작했다. 심리학자인 앨버트 엘리스Albert Ellis는 불필요한 괴로움을 유발하는 비합리적인 생각을 변화시키기 위한 치료적인 기법을 최초로 개발한 사람 중 한 명이다. 1970년대 그의 연구는 이론의 정립과 임상적인 기법의 개발로 이어졌다. 또한 정신과 의사인 아론 벡Aaron Beck은 1976년에 우울증이 어떻게 비합리적인 생각과 관련이 있는지를 밝혀냈다.

이후 벡과 그의 연구진들은 불안을 유발하거나 악화시키는 생각을 바꿀 수 있는 다양한 방법을 고안하였다. 심리학자인 리처드 하임버그Richard Heimberg, 그리고 클락과 웰즈 등도 인간의 생각과 신념이 사회불안장애를 일으키고 유지시키는 데 중요한 역할을 한다는 점을 밝혀내면서 사회불안장애에 대한 인지행동 이론과 치료기법을 고안해냈다. 인지행동치료는 다음의 3가지 기본 생각을 기초로 하고 있다.

첫째, 사건을 어떻게 지각하는가가 긍정적으로든 부정적으로든 감정과 행동에 영향을 미칠 수 있다. 불쾌한 일을 경험했을 때 우리는 그 일에 대해 생각하게 되며, 그 일을 어떻게 생각하는가가 바로 우리의 반응에 영향을 미치게 된다. 예를 들면, 이웃에 사는 사람이 당신을 보고 인사를 하지 않고 지나갔다고 하자. 이때 이웃 사람이 나를 무시해서 그런 것이라고 생각하게 되면 기분이 나빠질 것이고, 다음에 서먹하게 대할 것이다. 하지만 보지 못해서 인사를 못했다고 생각한다면 기분이 나빠지지 않을 것이며, 다음에 그 사람을 보아도 아무렇지 않게 대할 수 있을 것이다.

둘째, 생각은 모니터할 수 있고 바꿀 수 있다. 즉, 자신의 사고방식을 알고 평가하는 것이 가능하다는 것이다. 이렇게 자신의 사고방식을 알면 좀 더 적응적인 것으로 변화시킬 수 있다. 이번 장과 다음 장에서는 부적응적인 생각을 파악해서 적응적인 생각으로 바꾸는 작업에 대해 중점적으로 배워볼 것이다.

셋째, 생각을 바꿈으로써 감정이나 행동을 바람직한 방향으로 바꿀 수 있다. 만일 당신이 자신의 생각을 변화시킬 수 있다면, 자신의 감정과 행동도 역시 변화될 수 있다. 이런 이유 때문에 우리가 잘못된 생각과 신념을 알아내고 적응적인 것으로 바꾸는 방법을 배우는 것이 필요하다.

1) 자신의 사회불안장애 이해하기

최근의 연구들에 의하면, 공포증을 치료하는 핵심적인 기제는 긴장이완보다는 공포자극이 더 이상 위험하지 않다는 것을 재학습하는 '인지의 변화'라고 알려지고 있다. 또한 상상 속에서 두려운 상황에 직면하는 것보다는, 실제 공포 상황에 직면하는 것이 중요함을 점차로 인정하게 되었다. 이는 인지행동치료의 효과와 연구결과의 축적에서 비롯된 것이다. 이제부터 사회불안장애에 대한 가장 효과적인 치료법으로 알려진 인지행동치료를 2~5절에서 살펴보기로 하자.

사회불안장애를 극복하기 위해서 제일 먼저 해야 할 일은 자신의 사회불안장애를 철저하게 파악하는 것이다. 자신의 사회불안장애를 철저하게 관찰하는 것만으로도 사회불안장애의 치료에 상당히 도움이 된다. 사회불안장애로 인해 상담소를 찾은 많은 내담자가 첫 면담을 통해 자신의 사회불안장애를 이해하고 관찰할 수 있게 되었을 때 훨씬 편안해졌다고 보고하였다. 왜냐하면 이들은 이제 더 이상 불안에 압도되어 자신이 어떻게 반응하고 있는지도 모르는 혼돈 속에서 헤매지 않아도 되기 때문이다.

이렇게 자신의 사회불안장애에 대해 잘 이해할 수 있게 되면 자신의 증상에 대해 통제감이 생기게 된다. 이런 통제감은 그 상황에 적절하게 대처할 수 있는 여유를 줄 뿐 아니라 노력하면 극복할 수 있을 것이라는 자신감을 주기 때문에 치료에 있어서 매우 중요한 요소다.

자, 그렇다면 불안해질 때 우리는 어떤 것을 관찰해야 하는가?

제일 먼저 관찰해야 하는 것은 자신의 신체적 반응이다. 우리는 앞에서 불안해질 때 다양한 신체적 증상들을 경험한다는 것을 배웠다.

다음으로 관찰해야 할 것은, 사회적 상황에 접했을 때 떠오르는 자동적인 생각이다. 이런 자동적인 생각은 거의 의도하지 않고 노력하지 않아도 머릿속에서 떠오르게 된다. 때로는 우리가 이런 생각들을 의식하지 못하는 경우도 있지만, 이런 생각을 파악하는 훈련을 하게 되면 쉽게 알아차릴 수 있다(자동적 생각을 파악하는 방법에 대해서는 다음 절에서 자세히 소개하였다).

마지막으로 우리가 관찰해야 할 것은, 불안해질 때 우리가 하는 행동이다. 전형적으로 사회불안장애가 있는 사람은 두려

사회불안장애 기록표

불안정도

0	1	2	3	4	5	6	7	8
전혀 없음				중간 정도				매우 심함

신체반응	☐ 가슴이 뛴다.　　☐ 숨 쉬기가 힘들다. ☐ 목소리가 떨린다.　☐ 손이나 몸이 떨린다. ☐ 얼굴이 붉어진다.　☐ 근육이 경직된다. ☐ 땀이 난다.　　　☐ 입이 마른다. ☐ 몸이 뻣뻣해진다.　☐ 열이 나거나 싸늘해진다. ☐ 기타
자동적 생각	☐ 우습게 보일 거야. 무능하게 보일 거야. ☐ 남들이 나를 바보 같다고 생각할 거야. ☐ 나는 제대로 하는 게 하나도 없어. ☐ 이렇게 떨다 보면 끝까지 할 수 없을지도 몰라. ☐ 잘 해야 돼. 실수하면 끝장이야. ☐ 기타
행동	☐ 시선을 피한다.　　☐ 내 목소리에 집중한다. ☐ 구석에 앉는다.　　☐ 딴 생각을 한다. ☐ 말하는 동안 내가 하는 말을 계속 검열한다. ☐ 말할 내용을 미리 준비한다. ☐ 내 기회를 스스로 제한한다. ☐ 약이나 술을 사용한다. ☐ 말을 되도록 적게 한다. ☐ 말하는 도중 중단되는 것을 피하려고 애쓴다. ☐ 되도록 타인의 주의를 끌지 않게 한다. ☐ 기타

운 상황을 회피하려 한다. 앞에서 보았듯이, 사회불안장애가 있는 사람은 두려운 상황을 계속 회피함으로써 이런 상황에서 적절히 행동할 기회가 점차 줄어들게 되고, 사실은 그렇게 걱정할 만한 일이 일어나지 않는다는 것을 배울 수 없게 된다. 이런 회피로 인해 사회불안장애가 계속 유지되는 것이다.

또한 이들은 이렇게 두려운 상황을 완전히 회피할 뿐 아니라, 안전행동을 함으로써 미묘하게 회피한다. 불안과 위험을 최대한 줄이려고 하는 나름대로의 대처인 안전행동은 불안을 일시적으로 줄여주기도 하지만, 장기적으로는 그 상황에 적극적으로 직면하지 않게 만듦으로써 사회불안장애의 치료에 큰 장애가 된다.

2) 자동적 생각 바꾸기

(1) 자동적 생각이란 무엇인가

김 과장은 입사한 지 10년 되는 중소기업의 중견 과장으로, 매우 성실한 사람이다. 그런데 김 과장에게는 말 못할 고민이 있다. 과장이 되면서 사장과 간부들 앞에서 부서의 업무사항을 보고할 일이 많아졌는데, 보고를 할 때면 가슴이 쿵쾅거리고 진땀이 나면서 온몸이 뻣뻣해져 도무지 제대로 발표를 할 수가 없다. 너무 긴장하다 보니 목소리도 평소

처럼 나오지 않고, 나와도 심하게 떨린다.

이렇게 되다 보니 번번이 자신이 준비한 것을 제대로 얘기하지도 못하고 되도록 빨리 끝내버린다. 그러고 나서는 자신을 발표 하나 제대로 못하는 사람이라고 심하게 자책한다. 이런 까닭에 김 과장은 발표를 앞두면 며칠 전부터 잠을 못 자고 고민한다.

위의 사례에서 김 과장이 발표하기 전과 발표하는 동안에 드는 생각들의 예를 들어보자. 자동적 생각을 변화시키는 방법을 배우기 전에 우선 이것이 무엇이고, 언제 어떻게 이런 것들이 자신에게 해를 끼치는지를 이해하는 것이 중요하다. 특히 대인관계 상황에서 당신이 경험하는 생각이 어떻게 부적응적인 영향을 주는지를 이해할 필요가 있다.

사람들의 머릿속에는 끊임없이 생각들이 스쳐 지나간다. 심리학에서는 이것을 자동적 생각이라고 부른다. 자동적 생각은 거의 의도하지 않고 노력하지 않아도 머릿속에서 떠오르게 되지만, 많은 경우에 스스로도 이런 생각들을 의식하지 못한다. 자동적 생각은 다음과 같은 특성이 있다.

• 분명하고 간결하다: 마치 전보나 속기처럼 짧게 생략된 형태로 머릿속에 빨리 스쳐 간다.

- 자동적이다: 그것들은 거의 반사적으로 일어난다.
- 그럴듯하거나 합리적인 것처럼 보인다: 그것이 옳은지 의문을 갖거나 검증하지 않은 채 무조건 타당한 것으로 받아들인다. 따라서 그러한 생각이 틀리다는 객관적 증거가 있음에도 나타날 수 있다.
- 반복적이고 강력하다: 그것들은 강박적 성향이 있어서 계속 반복적으로 나타나며, 중단시키기가 어렵다.
- 특별하다: 그것들은 상황에 의해 결정된 것으로서 어떤 반응들을 자극할 수 있다.

이런 자동적 생각은 대개는 해를 끼치지 않으며 심지어는 즐거움을 주기도 한다. 하지만 공포증을 포함한 다른 심리 장애에서 이런 자동적 생각은 당신에게 해를 끼치게 된다. 예를 들면, 아주 매력적인 이성과 대화를 하고 있다고 생각해보라. 당신의 머릿속에는 이런 생각들이 떠오를지 모른다. '이 사람은 별로 날 좋아하지 않아. 정말 무슨 말을 해야 할지 모르겠어. 난 바보야. 난 실패자야.'

어떤 상황과 관련된 이런 생각의 흐름은 이후에 그와 비슷한 상황을 만나게 되면 다시 당신을 힘들게 만든다. 결국 당신은 무슨 말을 해야 할지 모르게 되며 스스로 바보나 실패자처럼 행동하여 자신이 예상했던 대로 되어버리고 만다.

■ 자동적 생각 일지

그렇다면 이러한 순환고리를 어떻게 끊을 수 있을까? 새로운 생각, 신념, 기대를 어떻게 만들 수 있을까? 이런 것들을 변화시키기 전에 우선 당신의 생각, 신념, 기대를 찾아내야 한다.

부적응적인 생각을 알아내기 위해서는 마음속에 무슨 일이 일어나고 있는지를 살펴보고 기록해야 한다. 이런 작업은 쉬울 수도 있고 어려울 수도 있다. 다른 기법을 배울 때도 마찬가지지만, 여기에도 노력과 연습이 필요하다. 열심히 연습하면 자신의 머릿속에서 흘러가고 있는 생각을 금방 알아차릴 수 있게 된다. 자신의 생각을 살펴보는 것만으로도 이미 사회불안장애를 극복하는 좋은 수단을 갖게 될 것이다.

〈자동적 생각 일지〉를 이용하여 부적응적인 생각을 할 때 그 내용을 기록하고 유용하게 활용할 수 있다. 며칠 혹은 몇 주일 전에 불안이 유발된 상황을 기억해서 생각해내려고 하는 것은 무척 비생산적인 일이다. 그날그날 기록해야 보다 더 많은 내용을 수집할 수 있다.

부적응적인 자동적 생각을 가장 잘 파악할 수 있는 기회는 대인관계 상황에서 불안을 느낄 때다. 따라서 생각 일지의 첫 번째 칸에는 스스로 평가한 0에서 10까지의 불안지수를 적는다. 두 번째 칸에는 그 상황에서 무슨 일이 일어났는가를 구체적으로 적는다. 세 번째 칸에는 머릿속을 스치고 지나가는 생

자동적 생각 일지		
	날짜 :	
불안수준 (0~10)	**상황**	**부적응적인 생각**
8	국어 작문시간에 발표하는 상황	내 목소리가 떨리는 걸 보고 나를 바보 같다고 생각할 거야. 그 일로 반 친구들이 나를 멀리할 거야.

각을 그대로 적는다. 쉽지는 않겠지만 되도록 생각을 하게 되는 순간에 적는 것이 좋다. 이것이 머릿속을 흘러가는 생각을 정확하게 알아내는 최선의 방법이라는 점을 꼭 기억하자.

(2) 인지적 오류

자동적 생각에 공통적으로 나타나는 체계적인 잘못을 '인지적 오류'라고 한다. 지금부터 사회불안장애를 가진 사람이 많이 보이는 인지적 오류를 살펴보기로 하자.

① 지레짐작하기

지레짐작하기 오류란 주관적인 판단이나 인상에 따라 결론을 내리고는, 그것이 마치 객관적이고 정확한 사실인 양 생각하는 것이다. 이런 오류의 예로는 '남들이 나를 바보 같다고 생각할 거야' '내가 떠는 모습을 보면 발표 하나 제대로 못한다고 생각할 거야' '음식 주문 하나도 제대로 못하고 버벅거린다고 생각할 거야' 등이 있다.

사회불안장애가 있는 사람은 특히 남들이 자기를 어떻게 생각하느냐에 지나치게 신경을 쓴다. 남들이 자신을 어떻게 생각하는가를 가장 확실하게 알아보는 방법은 상대방에게 직접 물어보는 것이다. 하지만 이들에게 이런 일은 너무나 불안하고 위협적이기 때문에 자신의 생각이나 느낌으로 상대방의 생각이나 느낌을 추론한다. 그리고는 이런 생각이나 느낌이 객관적인 사실인 양 믿어버린다.

이들에게 "그렇게 생각할 만한 근거가 있느냐?"라고 물으면 흔히 "그건 척 보면 알 수 있어요. 확실해요"라는 식으로 대답한다. 이 대답에서도 알 수 있듯이, 그들은 그렇게 생각할 만한 어떤 객관적인 근거도 없지만 그 생각에 대해서 매우 확신한다. 따라서 그들은 이런 식의 오류를 많이 범하게 된다.

② 내 탓하기

내 탓하기 오류란 자기와 아무런 관련이 없는 일에 대하여 '내 탓이야' '나 때문에 생긴 일이야'라고 생각하는 것을 말한다. 이런 오류에 빠지면 다른 사람들이 아무 의도 없이 우연히 하게 되는 행동을 자기와 관련지어 생각하기 때문에 불필요한 책임감이나 죄책감과 불안감을 느끼게 된다. 예를 들어, 나하고 얘기하고 있는 상대방이 우연히 또는 속이 불편해서 잠시 얼굴을 찡그릴 수 있다. 이때 사회불안장애가 있는 사람은 '내가 불편하게 해서' 또는 '나하고 얘기하는 것이 재미가 없어서' 상대방이 얼굴을 찡그렸다고 생각한다.

또한 이런 식으로 생각하는 경향이 많은 사람은 어느 정도 알고 있는 사람과의 관계에서만 불안을 느끼는 것이 아니라 불특정 다수와의 관계에서도 불안을 느낄 수 있다. 전철을 타거나 버스에서 같이 앉거나 길에서 우연히 스쳐 지나갈 때 누군가가 우연히 얼굴을 찡그리거나 자리를 옮기기라도 하면 자기 때문이라고 생각한다.

대기업 사원인 이 군은 학교에 다닐 때부터 다른 사람들 앞에서 무엇을 하려고 하면 불안해지고 긴장이 되어서 되도록 사람들 앞에 나서지 않으려고 애쓴다. 그가 신입사원일 때, 점심을 먹고 자기 사무실로 돌아오고 있었는데 여러 명의 여사원들이 커피를 마시면서 수다를 떨고 있었다. 그는 매우 쑥스러웠지만 다른 길도 없고 해서 그 앞을 지나쳤는데, 마침 여사원들이 자기들끼리 깔깔 웃었다. 그는 너무 긴장하면서 지나가는 자신의 모습이 우습게 보여서 그녀들이 웃었다고 생각했다. 그 후로 그는 사람들이 많이 모여 있는 앞을 지나가기가 매우 어려웠다.

사람들은 우연히 자기들끼리 우스운 얘기를 할 수도 있고 별 이유 없이 찡그리기도 한다. 하지만 인지적 오류를 하는 사람들에게는 이런 모든 것이 자기 때문에 일어난 일이 되어버린다. 심지어는 세상의 많은 나쁜 일들이 모두 자기 탓이다. 이렇게 되면 그들은 늘 죄스럽고 부끄러운 마음을 가지고 살아갈 수밖에 없다.

③ 강박적 의무감

강박적 의무감이란 '모임에서 말을 잘 해야 돼' '남들 앞에서 실수하면 안 돼' '모임에 참가한 모든 사람이 나를 좋아해야 돼' '그들 모두 나를 인정해야 돼'와 같이 '해야 돼' 또는 '해서는 안 돼' 등의 완벽주의적인 기준에 매달리는 것을 말한다.

완벽주의는 사회불안장애를 지닌 사람이 지닌 흔한 문제다. 이들은 비현실적이고 달성할 수 없는 목표를 세우는 경향이 있다. 즉, 다른 사람들에게 인정받고 사랑받으려면 다른 사람들 앞에서 말을 매끄럽게 잘해야 되고 조금의 실수도 해서는 안 된다고 생각한다. 또한 다른 사람들에게 조금이라도 불안하게 보여서는 안 되며 늘 완벽해야 한다고 믿고 있다. 분명히 이런 사람들은 자신의 완벽주의적인 생각을 변화시키기 전까지는 결코 스스로 만족하지 못할 것이다. 사회불안장애가 있는 사람은 다른 사람들로부터 인정받기를 원하고 거부에 민감하기 때문에, 이런 완벽주의적인 기준에 많이 집착한다.

④ 극단적 생각

극단적 생각이란 어떤 사건의 결과를 실제보다 더 나쁘게 확대해서 생각하는 오류를 말한다. 사회불안장애가 있는 사람은 흔히 자신에게 부정적인 일이 일어날 가능성이 훨씬 더 많나고 생각하고, 그런 일이 일어났을 때 결과가 끔찍할 것이라고 극단적으로 생각하는 경향이 있다. 예를 들어, 다른 사람들에게 어떤 부탁을 했을 때 거절당할 확률이 매우 높다고 생각하고, 거절당하면 매우 비참해질 거라고 단정 지어버린다. 이로 인해 실제 대인관계에서 쉽게 위축되고, 주눅이 들며, 다른 사람들에게 먼저 접근하는 것을 어려워한다.

　대학생인 김 양은 소심하고 수줍음이 많은 성격이라 다른 사람들 앞에서 말하거나 부탁할 때 매우 떨고 긴장한다. 김 양은 점심시간이 제일 어려운 시간 중 하나다. 혼자 먹으러 가자니 남들이 같이 갈 사람이 없어서 혼자 간다고 생각할 것 같아 혼자 가지도 못한다.
　그렇다고 다른 사람들에게 점심 먹으러 가자고 먼저 얘기하자니, 같이 점심먹자고 제의했다가 거절당하면 너무 무안하고 비참할 것 같아 그것도 하지 못한다. 그래서 그녀는 점심을 거르는 때가 많다.
　또한 김 양에게 제일 어려운 시간 중 하나는 수업시간에 발표하는 것인데, 발표를 하려고 하면 '내가 발표하다 너무 긴장해서 중도에 그만둘지 몰라. 그렇게 되면 친구들이 나를 무시할 거고, 난 너무 창피해서 학교를 그만두어야 할 거야'와 같은 생각이 자꾸 들어 결국 발표시간에 가지 않거나 수강과목을 변경하고 만다.

앞의 예는 자신에게 일어날 수 있는 일의 결과를 극단적으로 나쁘게 해석하는 극단적 생각 오류의 예다. 누구나 부탁했을 때 거절당할 수 있다. 그런데 김 양은 자신이 거절당했을 때의 결과를 너무 나쁘고 끔찍하게 생각하기 때문에 먼저 부탁하거나 제의를 할 수 없었다. 또한 발표했을 때 있을 수 있는 결과 중 최악의 결과를 예상하여 지나치게 불안해하고 있다.

⑤ 흑백논리

흑백논리 오류란 '성공 아니면 실패'라는 식으로 극단적으로 이분화하여 생각하는 것을 말한다. 사회불안장애가 있는 사람은 자신이 하는 말이나 행동을 평가할 때 '완벽하게 잘해낸 것'이 아니면 다 실패한 것으로 생각한다. 하지만 어느 누구도 100% 완벽하지는 못하다. 또한 100% 다 실패한 경우도 없다. 하지만 사회불안장애가 있는 사람에게는 현실적으로 가장 있음직한 중간지대가 없다. 그들이 이런 생각을 가지고 있는 한, 그들에게는 성공은 없고 늘 실패만이 있을 뿐이다.

　　은행원인 김 대리는 말수가 적고 내성적인 성격이다. 다른 사람들 앞에서 얘기를 하거나 무엇을 하려고 하면 가슴이 두근거리고 얼굴이 달아올랐다. 김 대리는 이때 얼굴이 사과만큼 붉어진다고 생각하였고, 이 때문에 고민하고 있다. 특히 이성과의 만남이 가장 어렵다. 얼마 전에 선을 보았는데, 상대방은 매우 매력적인 여성이었다. 그는 매우 당황해서 가슴이 뛰고 얼굴이 화끈거렸으며 말이 보통 때보다 더 안 나왔다. 이렇게 되자 김 대리는 '얼굴이 이렇게 붉어지고 말도 버벅거렸으니 완전히 그른 거야'라고 생각하고는 약속을 핑계대고 서둘러 나와버렸다.

위의 예에서 나오는 자동적 생각은 흑백논리 오류의 한 예다. 김 대리는 얼굴이 붉어지고 말을 더듬는 것 때문에 선이 완전히 실패했다고 생각하였다. 그에게 있어서는 말을 매끄럽고 유창하게 하고 실수를 조금도 하지 않아야 성공한 것이고 그 외에는 다 실패인 셈이다.

마지막으로 강조할 점은, 하나의 자동적 생각에 하나의 인지적 오류만 있는 것이 아니라는 점이다. 예를 들면, '나는 발표하다 너무 긴장해서 중도에 그만둘지 몰라. 그렇게 되면 친구들이 나를 무시할 거고, 난 너무 창피해서 학교를 그만두어야 할 거야'라는 자동적 생각에는 지레짐작하기 오류와 극단적 생각의 오류가 공존한다. 또한 '저 애들이 저렇게 웃는 것은 내 모습이 바보같이 보이기 때문이야'라는 자동적 생각에는 내 탓하기 오류와 지레짐작하기 오류가 같이 들어 있다.

2. 인지행동치료 1 ✳ 131

인지 훈련 기록지

상황	자동적 사고	인지적 오류
회사에서 판매실적을 보고하는 상황	잘해야 돼. 이번에도 제대로 못하면 난 정말 찍힐지 몰라.	① 지레짐작하기 ② 내 탓하기 ③ 강박적 부담 ④ 극단적 생각 ⑤ 흑백논리
		① 지레짐작하기 ② 내 탓하기 ③ 강박적 부담 ④ 극단적 생각 ⑤ 흑백논리
		① 지레짐작하기 ② 내 탓하기 ③ 강박적 부담 ④ 극단적 생각 ⑤ 흑백논리
		① 지레짐작하기 ② 내 탓하기 ③ 강박적 부담 ④ 극단적 생각 ⑤ 흑백논리

앞에 제시된 〈인지 훈련 기록지〉에 불안했거나 불안해지는 상황을 적고, 그때 떠오른 자동적 생각을 찾아서 적는다. 그다음에는 5개의 인지적 오류 중 어디에 해당되는지 찾아볼 수 있다.

(3) 부적응적인 자동적 생각 바꾸기

이제 사회적 상황에서 경험하는 부적응적인 생각을 보다 잘 이해하게 되고 찾을 수 있게 되었을 것이다. 그다음 단계는, 당신이 두려워하는 사회적 상황에 대해 보다 타당하고 현실적인 방식으로 생각하고 반응할 수 있도록 부적응적인 자동적 생각을 적응적이고 타당한 생각으로 바꾸는 것이다. 여기에는 크게 2가지 방법이 있다. 하나는 언어적 방법으로, 일련의 질문과 답변을 통해 자신의 자동적 생각의 타당성을 검증하고 타당한 생각으로 바꾸는 방법이다. 또 하나는 행동실험이다. 그러면 언어적 방법과 행동실험을 통해 자동적 생각을 바꾸는 방법을 살펴보자.

① 언어적 방법
• 지레짐작하기

앞에서 살펴보았듯이, 지레짐작하기 오류는 자신이 느끼기에 그럴 것 같다고 생각하면 그것을 객관적 사실로 받아들이

는 것이다. 지레짐작하기 오류의 가장 큰 문제점은, 사회불안
장애가 있는 사람은 자신이 느끼는 것을 이용하여 다른 사람
들이 자신을 부정적으로 평가할 것이라고 예상한다는 것이다.
또한 이들은 이런 자신의 부정적 생각을 근거로 자신이 부적
절하고 부족하다고 생각한다. 뿐만 아니라 이들은 자신이 느
끼고 있는 것을 그냥 사실로 받아들이며, 실제로 대인관계에
서 일어나고 있는 일들을 확인해보지 않는다. 이렇게 되면 이
들은 자기만의 생각 속에 갇히게 되고 자신의 생각이 잘못되
었다는 것을 알 수 없게 된다.

왜 사회불안장애가 있는 사람은 이런 인지적 오류를 가지
고 다른 사람들의 생각을 자기 마음대로 추측하는 것일까? 여
기에는 3가지 이유가 있다.

첫째, 일상적인 사회적 상호작용에서는 다른 사람들이 자
신을 어떻게 보는가에 대한 정보가 대부분 애매하다. 정상적
인 사람은 다른 사람들이 자신을 긍정적으로 받아들일 것이라
는 자신이 있거나, 긍정적으로 받아들이지 않는다 해도 이를
별로 중요하게 생각하지 않기 때문에 큰 문제가 되지 않는다.
그러나 사회불안장애가 있는 사람은 다른 사람들이 자신을 부
정적으로 평가할까 봐 두려워하기 때문에 다른 사람들이 자신
을 어떻게 보는지를 알아보려는 동기가 강하다. 이로 인해 이
들은 사회적 상황에서 외부 정보가 애매할 때 자신의 생각이

나 느낌에 매달리게 된다.

둘째, 다른 사람이 자기를 어떻게 평가하는가를 알아보기 위해서는 상대와 눈을 마주치거나 직접 물어보아야 한다. 하지만 이들은 이렇게 하게 되면 다른 사람들이 자신을 더 나쁘게 볼 것이라고 생각하기 때문에, 이런 일들을 매우 위협적으로 느낀다. 따라서 사회불안장애가 있는 사람은 실제적인 외부 정보보다는 더 안전하다고 생각되는 자신의 생각이나 느낌에 더 주의를 기울이게 된다.

셋째, 사회불안장애가 있는 사람은 불안을 유발하는 사회적 상황에 처하게 되면 주의를 내부로 향해 자신을 검색하고 관찰하게 된다. 이로 인해 다른 사람들의 피드백과 같은 실제적인 외적 정보를 알아차리지 못하게 되고 자신의 느낌이나 생각에 더 주의를 기울이게 된다. 따라서 사회불안장애가 있는 사람들은 자신의 느낌이나 생각을 바탕으로 다른 사람들이 자신을 어떻게 볼 것이라고 자기 마음대로 추측해버리고 만다.

이런 지레짐작의 오류를 바꾸기 위해서는 다음과 같은 질문들이 도움이 된다.

- 그렇게 생각할 만한 객관적 근거가 있는가?
- 내가 내 느낌에만 너무 매달리고 있는 것은 아닌가?

• 달리 생각할 수는 없는가?

앞의 사례에서 대학생인 이 군은 처음 신입생 환영회에서 자기소개를 할 때 너무 긴장해서 목소리가 떨리고 말을 더듬는 등 제대로 말을 못했다. 그는 과 친구들이 '자기소개 하나 변변히 못하는 못난 녀석이야'라고 비웃을 것 같아 괴로워하였다. 이런 자동적 생각을 따져보기 위해 '정말 친구들이 나를 못난 녀석이라고 생각하는 걸까?' '친구들이 나를 못난 녀석이라고 생각한다는 객관적이고도 정확한 근거가 있는가?' '친구들이 다르게 생각할 가능성은 없는가?'라는 질문을 던져보는 것이 도움이 된다.

실제로 친구들이 이 군을 못난 녀석이라고 무시한다는 근거는 매우 부족하다. 또한 이 군이 무시당할 만한 객관적인 근거가 있는 것도 아니다. 여러분은 상대가 말을 더듬거리고 떤다고 해서 그 사람을 무시하고 싫어하는가? 또한 다른 사람들은 자신이 느끼는 것만큼 떠는 것을 못 느낀다. 설사 떠는 것을 본다고 할지라도 별로 대수롭지 않게 생각하거나 약간 긴장한 정도로 생각한다.

사람들이 무시하고 싫어하는 사람은 다른 사람들을 이용한다든지 거짓말을 밥 먹듯이 하는 사람들이다. 너무 잘난 척하고 안하무인인 사람보다는 오히려 수줍고 겸손한 사람을 좋아한다. 그리고 말을 좀 못한다고 해서 정말 그 친구를 무시하고 깔본다면 그런 친구를 사귀어서 무엇하나? 그런 사람들은 언제나 남을 얕보고 남의 흉을 잘 보는 사람이다. 이런 사람과 친구가 되지 않는다고 억울해할 필요는 없다. 사람 사이에 중요한 것은 믿음과 성실이다.

• 강박적 의무감

사회불안장애가 있는 사람은 대부분 다른 사람들 앞에서 말하거나 행동할 때 자신이 용기를 내어 했다는 것에 기뻐하기보다는 완벽하지 못했다고 스스로를 깎아내린다. 이들은 모든 일을 결점 없이 해야 한다고만 믿었던 완벽주의가 자신에게 얼마나 부정적인 영향을 주는지를 알 필요가 있다. 이런 신념으로는 결코 만족할 수 없고 행복해질 수 없다는 것을 깨달아야 한다. 완벽주의는 이루어질 수 없는 목표다. 보다 현실적인 신념과 생각이 자신의 감정에 더욱 긍정적인 영향을 주고 불안을 감소시킨다는 것을 이해할 필요가 있다. 완벽주의는 실패나 좌절감만 쌓이게 하여 오히려 다시 그런 상황이 닥치면 무언가 해보기도 전에 좌절하게끔 만든다.

또한 우리는 잘하려고 하면 할수록 부담이 되어서 더 못하게 된다는 것을 잘 알고 있다. 마찬가지로 불안해하지 않으려고 애쓸수록 더욱 불안해진다. 불안하게 보이지 않고, 실수하지 않으며, 남들에게 잘 보이기 위해서 자신에게 지나치게 엄격한 기준을 요구하지만, 그것이 오히려 부담이 되어서 더 불안해지고 더 실수하게 된다.

독자들 중에는 강박적 부담이 뭐가 나쁜가? 오히려 일을 열심히 하도록 하는 원동력이 되지 않는가라고 생각하는 사람들도 있을 것이다. 그렇다면 우리에게 악영향을 미치는 완벽주의적인 기준과 우리에게 건강한 활력소를 주는 건전한 기준은 어떻게 다를까?

첫째, 얼마나 융통성이 있는가에 달려 있다. 완벽주의적 기준은 예외 없이 경직되고 융통성이 없다. 반면에, 건전한 기준은 예외를 허용한다. 둘째, 자신의 경험에 바탕을 둔 것인가 아니면 누구로부터 물려받은 것인가에 달려 있다. 완벽주의적 기준은 자신의 경험을 바탕으로 형성된 것이라기보다는 부모나 그 외의 사람들로부터 답습된 기준일 가능성이 많다. 반면에, 건전한 기준은 자신이 경험을 통해서 터득한 기준이다. 셋째, 그 기준이 얼마나 현실적인가에 달려 있다. 완벽주의적 기준은 현실성 없는 완벽함을 말하는 반면에, 건전한 기준은 현실적으로 적용 가능한 기준이다. 넷째, 기준을 적용함으로써 개인의 삶이 향상되는가 아니면 제한되는가에 달려 있다. 완벽주의적 기준은 이런 기준을 적용했을 때 자신의 욕구와 감정이 무시되고, 삶이 자유롭지 못하고 많은 제약을 받는다. 반면에, 건전한 기준을 적용했을 때는 자신의 욕구나 감정이 인정되고 생활이 발전되고 향상될 수 있다.

또한 완벽주의적 기준과 선호하는 것~하고싶다을 구별해야 한다. 즉, '내가 중요하게 생각하는 사람들로부터 인정을 받아야 돼'와 '내가 중요하게 생각하는 사람들로부터 인정받고 싶다'의 차이를 알아야 한다. 누구나 다른 사람들로부터 사랑받고 인정받고 싶어 하지만, 대부분은 그렇게 되기를 바랄 뿐이지 무슨 일이 있어도 모든 사람에게 인정받고 사랑받아야 한다는 생각에 강박적으로 집착하지는 않는다. 이런 소망이나 욕구가 단지 선호하는 것을 넘어서서 꼭 해야 한다는 강박적 부담이 되면 우리의 삶에 악영향을 미치기 시작한다.

자, 그렇다면 이런 부정적인 영향을 주는 강박적 부담의 오류를 어떻게 바꿀 수 있는가? 다음과 같은 질문들을 하면서 자신의 자동적 생각을 찬찬히 따져보면 좀 더 적응적이고 타당한 생각으로 바꿀 수 있다.

- 반드시 그렇게 행동해야만 하나?
- 내가 생각하는 것보다 조금 못하게 되면 어떻게 될까?
- 그렇게 행동했을 때 결과가 더 좋았던가? (득실 비교)
- 내가 그렇게 해야만 한다고 생각하는 기준이 현실적으로 타당한 기준인가?

- 다른 사람의 경우라면 나는 그 사람에게 어떻게 하라고
  말했을까? (이중 기준의 적용)

김 군은 발표를 할 때면, '더듬지 않고 간단하고 명료하게 말할 수 있어야 해. 실수하면 절대 안 돼'라고 생각했다. 이때 '말을 조금 더듬고 불분명하게 말한다면 어떻게 될까?'라는 질문을 던져볼 수 있다. 말을 조금 더듬고 분명하게 하지 않는다고 해서 사람들이 김 군을 크게 달리 보지는 않을 것이다. 또한 '이런 부담감을 갖는 것이 더 도움이 되었는가'라는 질문을 해볼 수 있다.

실제로 김 군은 불안하게 보이지 않으려고 하고 말을 너무 잘하려고 하다 보니 오히려 이런 부담감 때문에 말을 더 못하게 되는 경우가 많았다. 잘 안 되면 안 되는 대로, 떨리면 떨리는 대로 놔둔다고 생각하고 말을 하면 편안해져서 오히려 더 잘할 수 있다.

- 내 탓하기

사회불안장애가 있는 사람은 다른 사람들이 우연히 한 말이나 행동을 자기 탓으로 돌리는 경향이 있기 때문에 불필요한 죄책감을 느끼고 자신을 비난하게 된다. 이런 일은 사회불안장애가 없는 사람도 흔히 경험하는 현상이기도 하다. 예를

들어, 옷을 잘 못 입었다고 생각한 날 우연히 고급스러운 백화점에 가게 되었을 경우, 자신의 모습이 우스꽝스러워 보이고 다른 사람들이 자기를 흉보는 것처럼 느껴진 경험이 있을 것이다.

이런 내 탓하기 오류를 어떻게 고칠 수 있을까? 이런 자동적 생각이 타당한지 검토하기 위해서는 다음과 같은 질문이 도움이 된다.

- 그렇게 생각하는 근거는 무엇인가?
- 나는 이 일의 전체를 보고 있는가?
- 달리 생각할 수는 없는가?

사회불안장애가 있는 대기업 사원인 이 군은 자기가 휴게실 앞을 지나갈 때 마침 모여 있던 여사원들을 보았다. 이때 그는 자신의 긴장된 모습이 우스꽝스럽게 보여서 여사원들이 웃었을 것이라고 생각했다. '여사원들이 나 때문에 웃었다고 할 만한 근거가 있는가?' '여사원들이 웃은 이유가 나의 긴장하는 모습 때문이라고 생각하는 것 말고 달리 설명할 만한 이유는 없는가?'

사실 여사원들은 이 군이 멀리서 오고 있을 때도 자기들끼리 박장대소하며 웃고 있었다. 여사원들은 자기들끼리 재미있는 얘기를 하고 있어서 웃었을 수도 있고, 그때 이 군 뒤에서 뒤따라오고 있던 사람들 때문에 웃었을 수도 있다. 또한 이 군은 자신의 긴장하는 표정이 보일 만큼 여사원들과 그렇게 가깝게 있지도 않았다. 따라서 이 군이 너무 예민하게 자신 때문이라고 생각했을 가능성이 크다.

• 극단적 생각

사회불안장애가 있는 사람이 사회적 상황에서 다른 사람들보다 더 위협적으로 느끼게 되는 데는 2가지 방식이 있다. 하나는 다른 사람이 자신을 거부할 확률이 높다고 생각하는 것이고, 다른 하나는 다른 사람이 자신을 거부했을 때 생기는 결과를 과장해서 끔찍하게 생각하는 것이다. 즉, 사회불안장애가 있는 사람은 실제로 그렇지 않지만 거부를 더 많이 기대하고, 그 거부의 결과를 실제보다 과장되게 생각하며, 그 결과로 생기는 고통도 클 것이라고 예상한다. 이런 것을 가능성 왜곡과 심각성 왜곡이라고 한다. 이 2가지의 왜곡은 사회불안을 유발하여 대인관계에서 더 위협적으로 느끼게 만든다.

사회불안장애가 있는 사람은 왜 이런 식으로 왜곡해서 생각할까? 이들은 다른 사람들이 자신을 부정적으로 생각할 것이라고 생각하기 때문에 더 많이 거부당할 것이라고 예상한다. 또한 이들은 자신이 거부당하게 되면 이런 상황에 압도되어 제대로 대처할 수 없을 것이라고 생각하고 두려워한다. 자신에게는 그런 거부에 대해 적절히 대처할 만한 능력이 없다고 단정하는 것이다. 이런 인지적 오류에 대해서 다음과 같은 질문을 함으로써 자신의 자동적 생각의 타당성을 검토해볼 수 있다.

- 실제로 어떤 일이 일어날 수 있을까?
- 그 상황에서 일어날 수 있는 최악의 경우는 무엇일까?
- 실제로 이런 일이 일어날 가능성이 있는가?
- 있다면 얼마나 되는가?

위와 같은 질문을 통해서 실제로 어떤 일이 일어날지, 자신이 두려워하는 일이 일어날 가능성은 얼마나 되는지를 현실적으로 평가해본다.

- 실제로 이런 일최악의 경우이 일어난다면, 과연 그렇게 끔찍한가?
- 내가 전혀 어떻게 할 수 없는 것인가?

이와 같은 질문을 해봄으로써 그런 상황에서 대처할 수 있는 구체적인 방법을 열거해본다. 이렇게 하면 그런 상황에서 어느 정도 적절하게 대처할 수 있다는 것을 깨닫게 될 것이다.

대학생인 김 양은 소심하고 수줍음이 많은 성격이라 다른 사람들 앞에서 말하거나 부탁할 때 매우 떨고 긴장한다. 김 양이 제일 어려워하는 것이 발표하는 것인데, 발표를 하려고 하면 '발표하다 목소리가 떨리고 더듬거리면 친구들이 나를 무시할 거고, 난 너무 창피해서 학교를 그만두어야 할 거야'라는 생각이 자꾸 들어 결국 발표해야 할 시간에 가지 않거나 수강 과목을 변경하고 만다.

이럴 때는, 발표할 때 목소리가 떨리고 더듬거리면 실제로 어떤 일이 일어날지를 생각해보면 도움이 된다. 김 양의 목소리가 떨리고 더듬거리면 친구들은 '숫기가 없구나' 또는 '긴장했구나' 정도로 생각할 것이다. 발표를 좀 못한다고 해서 친구들이 무시하거나 거부하지는 않는다는 것이다. 중요한 것은 '어떻게' 말하느냐가 아니라 '무엇'을 말하느냐다. 발표를 잘하지 못해도 열심히 준비해서 내용이 충실하다면 김 양을 무시하지 않을 것이고 성실하게 준비한 것을 알아줄 것이다.

또한 '최악의 경우에 어떤 일이 일어날까?'라는 질문을 해보는 것이 이런 자동적 생각을 바꾸는 데 도움이 된다. 최악의 경우 몇몇 학생들이 발표를 못한다고 수군거린다면 어떻게 될까? 친구들 몇몇이 수군댄다고 해서 김 양이 학교를 그만둘 수

밖에 없는가? 우리는 모든 사람한테 다 인정받을 수는 없다. 친구라면서 그 정도의 일로 수군댄다면 그 사람한테 인정받지 못한다고 애석해할 필요가 있을까?

- 흑백논리

사회불안장애가 있는 사람은 자신이 하는 말이나 행동을 평가할 때 '완벽하게 잘 해낸 것'이 아니면 다 실패한 것으로 생각한다. 따라서 이들에게는 늘 실패만 있게 되고, 이로 인해 좌절감과 열등감만 쌓이게 된다. 이런 자동적 사고를 바꾸기 위해서는 '나에게 몇 점을 줄 수 있을까?' 또는 '완벽하게 하지 않으면 다 실패한 것인가?'라는 질문을 함으로써 자신의 수행을 정도의 문제로 생각하게 하는 것이 도움이 된다.

김 대리는 선 본 여자가 마음에 들었지만, '얼굴이 이렇게 붉어지고 말도 버벅거렸으니 완전히 그른 거야'라고 생각하여 기회를 놓치고 말았다. 이런 생각이 들 때 '나에게 몇 점을 줄 수 있을까?'라는 질문을 함으로써, 완전히 글렀다는 이분법적인 사고에서 벗어나 자신을 현실적으로 평가해본다.

'어느 정도로 하면 100점을 줄 수 있을까?'라는 질문을 해보자. 아마도 매우 유창하고 매끄럽게 상대방과 대화할 때 100점을 받을 수 있을 것이다. 상대방에게 거의 얘기를 하지 못한 때를 0점으로 기준 삼는다면, 김 대리의 경우는 얼굴이 약간 붉어지고 말을 더듬거리기는 했지만 어느 정도 대화를 할 수는 있었으므로 40점이나 50점은 줄 수 있을 것이다. 이러한 평가는 0점이라는 극단적인 생각을 바꾸어줄 수 있다.

② 행동실험

"백문이 불여일견"이라는 속담이 있다. 백 번 묻는 것보다 한 번 직접 보는 것이 낫다는 것이다. 이 속담은 행동실험에도 해당된다. 자신이 가지고 있는 자동적 생각이 타당한지 아닌지를 검증하는 방법에는 질문과 답변을 통해 검증하는 방법 이외에 행동실험이 있다. 행동실험이란 자신이 가진 자동적 생각이 타당한지 아닌지를 알아보기 위해 직접 실험을 해보는 것을 말한다.

부적응적인 자동적 생각을 성공적으로 바꾸기 위해서는 다른 사람들의 생각과 반응을 평가하는 방략들을 개발해야 한다. 다른 사람들의 생각은 2가지 방식으로 알아볼 수 있다. 첫째, 다른 사람들의 어떤 행동을 보면 나에 대한 평가를 알 수 있을지를 추측해보는 방법이 있다. 예를 들면, '어떤 사람이 나를 지루하다고 생각하게 되면, 그 사람들은 나에게 어떤 식으로 행동할까? 나는 그들에게서 무엇을 볼 수 있을까?'를 생각해본다. 둘째, 다른 사람들이 나에 대해 알아차리고 생각하는 것이 무엇인지를 알기 위해 직접 질문하는 방법이 있다.

행동실험의 진행 절차

1. 검증해볼 자동적 생각을 정한다. 이때 구체적이고 관찰 가능한 행동들로 정의해야 한다.
2. 이 자동적 생각을 지지하거나 반증하는 근거를 검토해본다. 과거 경험은 어땠는지, 다른 사람이라면 어떻게 행동했을지를 객관적으로 생각해보아야 한다.
3. 자동적 생각을 잘 검증할 수 있도록 행동실험을 계획한다. 예를 들면, '내가 이러이러하게 행동하면, 다른 사람들은 어떻게 행동할 것이다'라는 식의 생각을 검증할 수 있다.
4. 행동실험이 자동적 생각을 반증해주는지 지지해주는지 결과를 기록한다. 부적응적인 자동적 생각에 대한 확신도에서 큰 변화가 없었다면, 무엇이 문제였는지를 기록하고 자동적 생각을 새롭게 검증해볼 계획을 세운다.
5. 이 절차를 통해 자동적 생각이 잘못되었다면 새로운 자동적 생각으로 바꾸어본다.

　　잘못된 자동적 생각을 검증하기 위한 행동실험의 첫 번째 단계는, 자동적 생각들을 명확하고 검증 가능한 구체적인 행동으로 정의하는 것이다. 이 생각들을 가능한 한 명확히 정의해야 하고, 일단 정의하고 나면 그런 생각들의 구체적이고 관찰 가능한 예를 만들어본다. 예를 들면, '나를 우습게 생각하는 것'의 구체적인 예로 '내가 중요한 얘기를 했을 때 무시하거나 비웃는 것'을 들 수 있다. 이렇게 명확하게 정의하고 나면 일부러 실수를 해서 다른 사람들의 반응에서 예상한 결과가 보이는지 아닌지를 알아보는 행동실험을 할 수 있다.

잘 준비된 행동실험은 인지적·정서적 변화를 가져오는 데 큰 힘을 발휘한다. 다음의 사례를 통해 행동실험을 어떻게 계획하고 실행할 수 있는지를 알아보자.

이 씨는 컴퓨터 프로그래머인 직장 남성이다. 다른 사람들이 늘 자신을 쳐다보는 것 같고, 자신이 쳐다보면 자신의 시선이 불편감을 주기 때문에 상대가 시선을 피한다고 생각하였다.

- 검증해 볼 자동적 생각: 사람들은 내 시선과 모습이 어색하고 불편해서 나를 쳐다볼 것이다.
- 생각을 지지하는 증거: 내가 시선을 사람들에게 향하면 항상 누군가 쳐다보는 사람이 있었다.
- 생각을 반증하는 증거: 누군가가 쳐다본다고 생각되어서 그 사람을 쳐다보면 가끔 보이지 않는 경우가 있었다.
- 행동실험 계획: 누군가 나를 쳐다본다고 생각하는 순간 실제로 그 사람이 쳐다보는지 확인해본다. 우연하게 서로 쳐다볼 수 있으므로 10명 정도를 대상으로 확인해본다.

- 결과 기록: 지하철이나 거리, 회사 자료실에서 누군가 쳐다본다고 생각하는 바로 그 순간 그 사람이 쳐다보는지를 확인한 결과, 10명 중 8명은 나를 쳐다보지 않았다.

- 결론: '사람들은 내 시선과 모습이 어색하고 불편해서 나를 쳐다볼 것이다'라는 가정은 잘못된 생각이었고, 다음과 같은 타당한 생각으로 바꾸어볼 수 있다. '사람들이 내가 어색해 보여서 나를 쳐다본다는 객관적인 근거는 없었어. 내가 너무 과민하게 생각했던 거야. 사람들은 보통 자기 일이나 생각에 빠져 누군가를 자세히 관찰하고 있지 않아.'

(4) 타당한 생각으로 바꾸어 습관들이기

잘못된 자동적 생각을 다루는 가장 효과적인 방법은 그것을 타당하고 현실적인 생각으로 바꾸는 것이다. 이것은 잘못된 자동적 생각을 직접 반박하거나 무효화시키는 타당한 생각을 적고 시연을 해보는 것이다. 사회불안장애는 부정적인 정신적 프로그램에 의해서 불안이 일어나는 것이므로 긍정적인 프로그램으로 대체함으로써 불안을 줄일 수 있다.

언제 부정적이고 부적응적으로 생각하게 되는지를 자각하고 부적응적인 생각을 적응적이고 타당한 생각으로 바꾼다면,

당신의 생각은 선회하기 시작할 것이다. '내가 정말로 타당한 생각을 믿지 않는다면 어떻게 타당한 생각으로 바꿀 수 있는가?' 부적응적인 생각에 대한 믿음을 포기하기 어렵다면 합리적인 관찰을 하도록 해야 한다.

앞에서 살펴본 언어적 기법과 행동실험을 통해서 부정적인 생각에 대한 집착을 약화시킬 수 있다. 이를 통해 대부분의 부적응적인 생각이 현실적으로는 근거가 없는 생각이라는 것을 발견하게 될 것이다. 최악의 경우에도, 그것은 부분적이거나 때때로만 사실일 것이다. 자신의 부적응적인 생각을 불신하기 시작하는 순간부터가 긍정적이고 타당한 생각으로 바꿀 준비가 된 것이다. 이렇게 타당한 생각으로 바꿀 때 유의할 점이 있다.

첫째, 타당한 생각은 당신 자신의 말이어야 한다. 추상적이거나 당신의 문제에서 나온 말이 아니어야 한다.

둘째, 자신의 특정한 관심사에 직접 적용되어야 한다. 만일 당신이 얼굴이 빨개지는 것을 걱정스러워한다면 타당한 생각에는 땀이 많이 나는 것에 대한 생각이 들어가서는 안 된다.

셋째, 타당한 생각은 현실적이어야 한다. 가끔 '난 절대 불안해하지 않을 거야' 또는 '차분해져야지. 난 더 이상 어리석은 말은 안할 거야'라는 식으로 두려운 생각을 대체하려는 사람들이 있다. 이런 말들은 비현실적이기 때문에 효과를 볼 수 없다. 불안을 완전히 통제하거나 없애는 것은 불가능하기 때문이다.

또한 '난 더 이상 어리석은 말은 안할 거야'라는 생각은 결국 완벽주의를 나타내는 것일 뿐이다. 스스로 '이 정도면 괜찮아'라고 생각하는 수준이면 된다.

넷째, 타당한 생각은 상대적으로 짧고 간단해야 한다. 간결하고 짧게 만들면 기억하기도 쉽고 사용하기도 편하다. 이런 생각을 잘 활용하려면 이 점을 명심해야 한다.

다섯째, 타당한 생각에 믿음을 갖는 것이 중요하다. 필요하다면 언어적 기법이나 행동실험을 먼저 사용하여 부적응적인 생각에 도전하고, 그다음에 믿음이 생기면 타당한 생각으로 바꾼다.

지금 자신이 바꾼 타당한 생각을 적어보라. 일반적으로 타당한 생각은 이런 형태를 많이 띤다. '대부분의 사람은 내가 ~ 해도 그걸 받아들일 거야. 난 다른 사람이 날 거부하는 것을 받아들일 수 있어.' 이런 타당한 생각들은 거부의 가능성과 심각성을 감소시키는 말들이다. 첫 번째 문장은 거부의 가능성이 실제로 낮다는 것을 상기시켜주고, 두 번째 문장은 거부를 극복할 수 있다는 것을 알려주는 말이다. 또한 거부의 결과가 당신이 두려워하는 만큼 그렇게 심각한 것은 아니라는 것을 상기시켜줄 것이다.

타당한 생각을 내 것으로 길들이기 위해서는 여러 가지 방법이 필요하다. 맨 먼저 적어도 2주 동안은 하루 몇 분 동안 타당한 생각의 목록을 천천히 그리고 주의 깊게 읽는다. 그것을 읽는 동안 그 생각이 사실이라고 얼마나 믿고 있는지를 느껴 보라. 이렇게 하면 그것들을 좀 더 깊은 의식 속에서 통합할 수 있을 것이다. 타당한 생각의 목록을 눈에 잘 띄는 곳에 붙여놓고 하루에 한 번씩 주의 깊게 읽는 시간을 가진다.

타당한 생각을 테이프에 녹음하는 방법도 있다. 녹음할 때는 타당한 생각 간에 약 50초의 간격을 두고 녹음하여 생각할 만한 시간을 둔다. 녹음을 마치면 녹음된 타당한 생각을 듣기 전에 깊이 이완된 상태에서 10~15분 정도 그대로 있는다. 이완된 상태에서는 타당한 생각에 대해 더 수용적으로 받아들일 수 있게 된다.

타당한 생각을 적은 '대처 카드'를 만들어서 가지고 다니는 것도 좋은 방법이다. 이 카드는 아주 구체적으로 적을 수 있을 정도의 공간이 필요하다. 언뜻 보기에 매우 간단해서 효과가 없을 것 같지만 그렇지 않다. 발표하기 전이나 대화하기 전이나 매력적인 사람에게 다가갈 때와 같이 두려운 상황에서 이 카드를 보면서 타당한 생각을 되풀이하면 불안 증상이 크게 완화된다. 중요한 것은, 카드에 적힌 말들이 현실적인 방법으로 자신을 안심시킨다는 점이다. 지나치게 높은 거부 가능성

> **🔑 대처 카드**
>
> 다른 사람들 앞에서 말을 해야 할 때가 다가오면 난 불안해질 것이다. 내 가슴은 두근거릴 것이고, 나는 얼굴이 붉어질 것이다. 하지만 난 불안해져도 최선을 다할 수 있어. 불안은 불편하지만 금방 사라질 거라는 것을 난 알아.
>
> 완벽할 필요는 없지. 난 사람이거든. 난 내가 불안을 직면할 수 있는 용기가 있다는 게 참 자랑스러워. 내가 좀 떨고 불안해한다고 해서 끔찍한 일이 일어나지는 않아. 기껏해야 다른 사람들이 좀 긴장했나보다 생각하는 정도야.
>
> 누군가가 이 일로 날 거부한다고 해도 세상이 끝나는 건 아니잖아? 내가 말을 유창하게 하지 못해도 내가 소중히 여기는 사람들은 여전히 날 사랑할 거야. 난 내가 할 수 있는 최선을 다하면 돼.

과 심각성을 반박할 수 있는 내용을 카드에 적도록 한다. 카드에는 긍정적인 자기암시가 담겨져 있지만, 카드를 볼 수 없는 상황을 위해서 계속 극복하는 말을 기억하고 있어야 한다는 것을 명심하라.

부정적인 생각은 단지 자기제한적인 정신적 습관일 뿐이다. 당신이 비건설적인 생각을 하는 때를 주목하고 부적응적인 생각을 좀 더 타당하고 현실적인 생각으로 대체함으로써 이런 습관들을 깨뜨릴 수 있다. 타당하고 적응적인 생각의 습관을 들여서 내 것으로 만드는 데는 많은 반복 연습이 필요하다. 좀 더 타당하고 현실적이며 유용한 사고방식을 배우는 데는 반복과 노력이 필요하다.

3) 역기능적 신념 바꾸기

무엇이 부적응적인 자동적 생각을 유발할까? 간단히 말하자면, 이 질문에 대한 답은 역기능적 신념이다. 사람들은 대개 어떤 상황에서 부석응석으로 생각하게 만드는 일반화되고 비현실적인 역기능적 신념을 갖고 있다. '그 사람은 별로 날 좋아하지 않아. 정말 무슨 말을 해야 할지 모르겠어. 난 바보야. 난 실패자야'라는 생각의 기저에는 어떤 역기능적 신념이 있을까?

이런 생각을 하는 사람은 '만일 다른 사람들이 모두 나를 좋아하지 않는다면 난 실패자야' 또는 '다른 사람들이 나를 좋아하려면 난 완벽해야 해'라는 식의 역기능적 신념을 강하게 갖고 있다. 상황에 따라 변화하는 자동적 생각과는 달리 이런 신념은 매우 고정되어 있다. 즉, 항상 이런 신념을 갖고 있으며 이 신념을 자신과 다른 사람들, 그리고 세상에 대한 일반적인 원리로 믿어버린다.

이런 신념은 시간과 노력을 투자하면 발견해낼 수 있다. 우선 역기능적 신념이 무엇인지를 알아보고 사회불안장애에 흔한 역기능적 신념의 예를 살펴보자. 그런 다음 이 신념을 알아내는 방법과 이런 역기능적 신념을 타당한 신념으로 바꾸는 방법을 살펴보자.

(1) 역기능적 신념 찾아내기

① 핵심 신념과 역기능적 신념

사람들은 성장하면서 다양한 경험을 통해서 자신과 다른 사람, 그리고 세상에 대한 일반적인 원리나 신념을 형성하게 되는데, 이를 핵심 신념이라고 한다. 앞에서 살펴본 자동적 생각이 특정 상황과 관련되어 떠오르는 생각이라면, 핵심 신념은 특정 상황이 아닌 모든 상황에 적용될 수 있는 일반적인 생각을 말한다. 이런 핵심 신념 중에서 부적응적인 신념을 역기능적 신념이라고 한다.

자동적 생각과 역기능적 신념 간의 차이를 요약하면 3가지로 말할 수 있다. 첫째, 역기능적 신념은 자동적 생각을 일으키는 뿌리에 해당되는 심층적인 수준의 생각인 반면, 자동적 생각은 우리 의식에 가까운 표층적인 생각이다. 둘째, 역기능적 신념이 비교적 안정되어 있고 상황에 관계없이 일관성 있는 신념체계라면, 자동적 생각은 일시적이고 특정한 상황과 관련된 상태의존적인 생각이다. 셋째, 역기능적 신념은 절대적이고, 완벽주의적이며, 비현실적인 내용으로 이루어져 있으며, 상황의 다양성을 전혀 고려하지 않고 모든 상황에 적용되는 지나치게 일반화된 신념이다. 반면에, 자동적 생각은 특정한 상황과 관련되어 순간적으로 떠오르는 구체적인 생각이나 영상이다.

핵심 신념은 당신이 만나는 각 상황에서 당신이 어떤 일이 일어나게 될지 기대하는 것에 영향을 미친다. 만일 핵심 신념이 비현실적이고 역기능적이라면 그에 따라 자동적 생각도 부정확하고 역기능적으로 된다. 사회불안장애의 경우에 역기능적 신념은 일상적인 상황을 실제보다 더 위험한 것으로 예상하게 만든다. 따라서 위험을 과장되게 예상하고 대인관계 상황에 접하게 되면 부적응적인 생각을 하게 된다. 이런 생각은 사회불안장애 환자를 불안하게 만들고 그 상황을 회피하게 만든다. 이처럼 역기능적 신념은 부적응적인 자동적 생각을 낳기 때문에 뿌리에 해당되는 역기능적 신념을 바꾸지 않으면 사회불안장애의 근원적인 치료는 어려워진다.

② 역기능적 신념을 찾는 방법

사회불안장애의 근본적인 치료와 재발을 막기 위해서는 사회불안장애를 일으키는 원인에 해당되는 역기능적 신념을 찾아내서 타당한 신념으로 바꾸지 않으면 안 된다. 역기능적 신념은 자동적 생각의 뿌리에 해당되는 근원적인 신념이므로 자동적 생각과는 달리 쉽게 찾아지지는 않으며, 어느 정도의 추론이 필요한데, 다음과 같은 방법을 이용해서 찾을 수 있다.

역기능적 신념을 찾아내는 방법 중 하나는, 부적응적인 자동적 생각들에 공통으로 나타나는 주제를 찾는 것이다. 예를 들어 다음과 같은 자동적 생각들이 있다고 하자.

- 다른 아이들은 다 잘하는데 나만 왜 이 모양일까?
- 난 발표를 제대로 해내지 못할 거야.
- 다른 것도 못하면서 노래까지 못한다고 생각할 거야.

이런 자동적 생각들에 공통적으로 나타나는 역기능적 신념은 '나는 무능해' '나는 다른 사람들보다 열등해' '나는 뭔가 부족해' 등과 같은 자신에 대한 부정적인 신념일 것이다.

둘째, 나 자신에 대해 평소 생각하는 것들을 정리해본다.

- 내가 보는 나의 모습은
  부족한 점이 많고 열등감이 강하다.
- 내 생각에 내 능력은
  뭔가 부족하고 남들보다 열등해.

- 사람들은 나를

  <u>바보 같다고 생각할 거야. 나를 싫어할 거야.</u>

 셋째, 앞의 2가지 방법으로 역기능적 신념을 찾아내지 못했다면 하향화살표 기법down-arrow technique을 사용해서 역기능적 신념을 찾아볼 수 있다. 하향화살표 기법은 불안한 상황에서 떠올랐던 자동적 생각으로부터 '과연 자동적 생각이 나에게 무엇을 의미하는가?'라는 물음을 계속해서 던짐으로써 좀 더 심층적인 역기능적 신념을 찾아가는 기법이다. 이 기법을 사용할 때는 '이것이 나에게 무엇을 의미하는가?'라는 질문 외에도 다음과 같은 다양한 표현의 질문들을 할 수 있다.

- 이것이 사실이라고 하자. 그래서 어떻다는 것인가?
- ~하다는 것이 왜 그렇게 나쁜가?
- ~하다는 것이 어떤 면에서 최악인가?
- 이것은 나에게 무엇을 말해주는가?

 하향화살표 기법을 끝내도 되는 시점은, 일반적으로 '그것이 나에게 무엇을 의미하는가?'라는 질문을 계속해도 비슷한 신념이 계속 나온다면 끝내도 좋다. 화살표가 몇 개인지는 중요하지 않다. 또한 화살표를 이용해서 나온 신념에 대해 다음과 같은 질문을 해봄으로써 정할 수 있다. 나는 그것을 얼마나 강하게 믿고 있는가? 그 신념이 얼마나 광범위하게 나의 생활에 영향을 미치는가? 그 신념이 얼마나 강하게 나의 생활에 영향을 미치는가?

핵심 신념일수록 자신이 강하게 믿고 있고, 자신의 생활에 광범위하고 강하게 영향을 미친다.

넷째, 현재 고통스러운 상황과 관련되어 있는 초기 기억이나 가정분위기를 이용하여 자신의 역기능적 신념을 찾아낼 수 있다. 현재 자신에게 매우 고통을 주며 중요한 핵심 신념과 관련이 있을 만한 경험을 생각해내고, 그런 상황에서 느끼는 감정이나 신체감각에 집중함으로써 자신의 감정을 끌어올린다. 이런 신체감각이나 감정과 비슷한 느낌을 주는 초기 경험을 생각해내서 재경험하도록 노력하여, 그 상태에서 초기 경험과 관련된 핵심 신념을 찾아낸다.

지도교수에게 취직을 위한 추천서를 부탁하러 갔을 때 심하게 떨어서 말을 제대로 못했다고 가정해보고, 이런 상황으로부터 자신의 역기능적 신념을 찾아보자. 먼저, 그 상황을 현재 일어나는 것처럼 생생하게 상상한다. 그런 다음 그때 든 생각, 특히 감정과 신체감각에 집중한다. '가슴이 심하게 뛰고, 땀이 나고, 온몸이 뻣뻣해진다'는 느낌을 갖게 될 수 있다. 그러면 이런 감정이나 신체감각을 언제 처음 느꼈는지를 눈을

상황: 한 대학생이 친구들 앞에서 발표할 때 매우 긴장되고 목소리가 심하게 떨리는 경험을 했다.

자동적 생각: 내 목소리가 떨리고 말을 잘 하지 못해서 친구들이 나를 우습게 볼 것이다.

왜 이 생각이 나를 불안하게 만드는가?
과연 이 사건이 나에게 무엇을 의미하는가?

친구들이 나를 따돌리고 나를 무시할 거야.

그것이 사실이라면 그것은 나에게 무엇을 의미하는가?

친구들과 원만하게 지낼 수 없어.

그것이 사실이라면 그것은 나에게 무엇을 의미하는가?

나는 부족해. 나는 무능해

〈하향화살표 기법의 예〉

감고 생각해본다. 이런 신체감각과 관련이 있는 초기 기억예:

초등학교 때 시험에서 만점을 받지 못했다고 아버지에게 심하게 야단맞았다을 생

각해냈으면 그때 기억을 생생하게 회상해낸다. 그때 자신이

매우 불안하고 초조했으며 '나는 바보야. 나는 아무것도 제대

로 할 수 없어'라는 생각이 강하게 들었다면, '나는 무능해'라

는 역기능적 신념을 가지고 있다고 추론해볼 수 있다.

■ 역기능적 신념 검사

자신의 역기능적 신념을 스스로 찾아내기 힘들다면, 사회

불안장애가 있는 사람이 가지고 있는 역기능적 신념들을 모아

놓은 질문지를 이용할 수 있는데, 조용래(1998)가 개발한 사

회불안장애에 대한 역기능적 신념 검사를 이용할 수 있다.

이 검사를 통해 역기능적 신념을 찾아냈다면, 다음 단계는

역기능적 신념의 타당성과 유용성 및 현실성을 검토하고 타당

한 신념으로 바꾸는 일이다. 역기능적 신념들의 타당성, 유용

성 및 현실성을 평가하기 위해서는 자동적 생각과 마찬가지로

크게 2가지 방법이 있다. 하나는 언어적 방법으로 역기능적

신념의 타당성을 검토하는 것이고, 다른 하나는 행동실험을

통해 역기능적 신념의 타당성을 검토하는 방법이다. 먼저, 질

문을 던져봄으로써 역기능적 신념의 타당성, 유용성 및 현실

성을 검토하고 타당한 신념으로 바꾸는 방법부터 검토해보자.

🔑 단축형 역기능적 신념 검사

다음은 사람들이 가지고 있는 여러 가지 신념과 태도를 열거한 것입니다. 각 문장을 주의 깊게 읽고, 귀하의 평소 신념(태도)과 일치하는 정도나 혹은 각 문장의 내용에 "어느 정도 동의 또는 반대하는지"를 아래와 같이 적당한 숫자에 ○표 해주십시오. 사람은 각자 생각이 다르기 때문에 여기에 옳고 그른 답은 있을 수 없으니, 최대한 솔직하게 대답해주시기 바랍니다.

특히 유의해야 할 점, 각 문장을 읽고 답할 때 '어떻게 생각해야 한다'는 것이 아니라 귀하가 '평소 마음속으로 어떻게 생각하고 계시는지(혹은 어떤 태도를 갖고 계시는지)'에 따라 답해주셔야 한다는 것입니다. 한 문항도 빠짐없이 성의껏 대답해주시기 바랍니다.

1	2	3	4	5	6	7
전혀	웬만큼	약간	중간	약간	웬만큼	아주

1. 모든 사람으로부터 인정을 받아야만 괜찮은 사람이야.　　　　　　　　1 2 3 4 5 6 7

2. 나는 말재주도 없고 대인관계 능력이 부족하고 서툴러서 다른 사람을 거북하게 한다.　　　　　　　　　　　1 2 3 4 5 6 7

5. 사람들은 나를 평범하고, 재미없으며, 상대하기 거북한 사람으로 여길 것이다.　1 2 3 4 5 6 7

6. 다른 사람들에게 인기가 있으려면, 그들 앞에서 매끄럽고 유능하게 처신해야 한다.   1 2 3 4 5 6 7

8. 나를 아는 대부분의 사람이 나를 칭찬해 주지 않으면 나는 행복해질 수 없다.   1 2 3 4 5 6 7

10. 사람들로부터 인정을 받으려면 항상 일을 잘 해야만 한다.   1 2 3 4 5 6 7

11. 아무도 내게 관심이 없다.   1 2 3 4 5 6 7

13. 주변 사람들(친구들)이 날 좋아하게 만들려면 말을 유창하게, 그리고 재미있게 해야 한다.   1 2 3 4 5 6 7

15. 내 의견에 동의하지 않는 사람들은 그들이 나를 좋아하지 않는다는 것을 뜻한다.   1 2 3 4 5 6 7

20. 내 기분이나 행동은 나에 대한 다른 사람의 태도나 평가에 의해 주로 좌우되는 것 같다.   1 2 3 4 5 6 7

21. 사람들은 근본적으로 이기적이고 이해타산적이다.   1 2 3 4 5 6 7

22. 나는 남들에게 좋은 인상(호감)을 주지 못할 것이다.   1 2 3 4 5 6 7

25. 사람들이란 다 알고 보면 남의 말하기 좋아하고, 상대방에게 진정한 관심이 없으며, 거부적인 속성을 가지고 있다.   1 2 3 4 5 6 7

26. 상대방을 항상 즐겁게 해주어야 한다.   1 2 3 4 5 6 7

29. 사람들이 나를 알게 된다면, 내가 정말 열등하다는 것을 알아차리고 말 거야.   1 2 3 4 5 6 7

31. 나는 어딘가 부족한 사람이야.   1 2 3 4 5 6 7

2. 인지행동치료 1 ✳ **163**

32. 중요한 사람으로부터 인정을 못 받는 것
은 몹시 끔찍한 일이다. 　　　　　1 2 3 4 5 6 7

33. 지금 내 모습 그대로를 보고는 사람들은
날 형편없는 사람으로 볼 거야. 　　1 2 3 4 5 6 7

34. 나의 실제 모습이 알려지면 사람들은 나
를 전보다 업신여길 것이다. 　　　1 2 3 4 5 6 7

35. 나는 다른 사람들과 잘 맞지 않는다. 　1 2 3 4 5 6 7

38. 절반의 실패는 전부 실패한 거나 다름
없다. 　　　　　　　　　　　　　1 2 3 4 5 6 7

39. 다른 사람들은 나를 사교성이 부족하고
바보 같은 사람이라고 생각할 것이다. 　1 2 3 4 5 6 7

40. 성공이 확실하게 보장되지 않는 한 어떤
일이든 시작하지 않는 게 상책이다. 　1 2 3 4 5 6 7

41. 다른 사람들에게 좋은 인상을 주어야 인
정을 받을 것이다. 　　　　　　　　1 2 3 4 5 6 7

44. 인간은 본질적으로 이기적이다. 따라서
인간관계는 결국 착취적일 수밖에 없다. 　1 2 3 4 5 6 7

46. 긴장감이 느껴지는 대인관계를 일찍 그
만두지 않는다면, 나중에는 끔찍한 결과
를 경험하게 될 것이다. 　　　　　　1 2 3 4 5 6 7

48. 사람들은 상대방이 허점을 보이면 그것
이 어떤 허점이든 그 사람을 멀리할 것
이다. 　　　　　　　　　　　　　　1 2 3 4 5 6 7

49. 다른 사람에게 도움을 요청하는 것은 나
약함의 표시다. 　　　　　　　　　　1 2 3 4 5 6 7

52. 나로 인해 다른 사람의 기분이 상하게

되어서는 안 된다.	1 2 3 4 5 6 7
53. 내가 관심 가진 사람들이 나를 좋아하지 않는다면, 이는 끔찍한 일이다.	1 2 3 4 5 6 7
59. 사람들은 내 실력이 별로라고 생각할 것이다.	1 2 3 4 5 6 7
60. 사람들은 잘 변해서 믿을 수가 없다.	1 2 3 4 5 6 7
61. 다른 사람이 나를 싫어한다면 나는 견딜 수 없다.	1 2 3 4 5 6 7
63. 내 자신의 모습, 특히 결점이나 허점을 남에게 있는 그대로 보여서는 안 된다.	1 2 3 4 5 6 7
66. 모든 사람은 공격적이고 비판적이다.	1 2 3 4 5 6 7
67. 나를 분명하게 좋아하지 않는 사람을 만나는 것은 시간낭비다.	1 2 3 4 5 6 7
69. 남들이 날 봤을 때 나를 그저 그런 사람으로 생각할 것이다.	1 2 3 4 5 6 7

(2) 역기능적 신념 바꾸기: 언어적 기법

① 타당성 검증

• 너무 높은 기준을 갖고 있는 것은 아닌가?

완벽주의는 사회불안장애를 지닌 사람이 지닌 흔한 문제로, 완벽주의자는 비현실적이고 달성할 수 없는 목표를 세우는 경향이 있다. 사회불안장애를 갖고 있는 사람들 중에는 다른 사람들 앞에서 절대 실수를 해서는 안 된다고 생각하는 사람들이 많다. 분명히 이런 사람들은 자신의 완벽주의적인 신념을 변화시키기 전까지 결코 스스로 만족하지 못하게 된다. 따라서 자신이 너무 완벽주의적인 기준을 가지고 있어서 자신이 열등하고 무능하다는 핵심 신념을 가지고 있지는 않은지를 검토해보아야 한다. 이런 완벽주의적 기준으로 자신을 보면 항상 모자라고 부족한 사람이 되는 것은 당연하다.

자신이 설정한 완벽주의적 기준의 구체적인 양상과 정반대되는 기준의 양상이 실제로 어떤지를 살펴보고 나서 자신의 수준을 따져봐야 한다. 또한 그런 완벽주의적 기준에 해당되는 사람이 몇 명이나 있는지를 살펴본다. 이런 것을 통해 자신이 얼마나 높은 기준을 가지고 있는가를 깨달을 필요가 있다.

• 항상 인정받아야 한다고 생각하지는 않는가?

사회불안장애가 있는 사람은 다른 사람들이 모두 다 자신을 좋아해야 한다고 믿는다. 이들은 다른 사람들이 자신을 거부하는 것은 있을 수 없는 일이라고 생각한다. 아마 당신도 이렇게 믿고 있을지 모른다. 만일 그렇다면 이 말을 명심해야 한다.

"어떤 사람들이 때로 나를 싫어하거나 거부한다고 해도 크게 문제될 것 없어. 사실 그건 피할 수 없는 일이야. 나를 좋아해주고 사랑해주는 몇 사람만 있으면 돼."

이 말이 틀렸다고 생각되는가? 불행한 많은 사람은 다른 사람들이 어떠한 상황에서라도 자신을 좋아하고 인정해주어야 한다고 믿도록 배우면서 성장한다. 이런 태도를 갖고 있으면 반드시 기분 나쁜 경험을 할 수밖에 없다. 왜냐하면 모든 사람이 좋아하는 사람이란 있을 수 없기 때문이다.

다른 사람의 관심과 애정을 받는 것은 좋은 일이지만, 그렇다고 해서 그것이 자신을 가치 있고 좋은 사람이라고 보장해주는 것은 아니다. 주변이나 과거를 돌아보면 사람들의 관심과 애정을 받는 것이 항상 일정하지는 않다는 것을 알 수 있을 것이다. 예수나 석가모니 역시 사람들의 애정과 관심을 많이 받았지만 이들을 싫어했던 사람들도 있다는 것을 생각해보라. 반 고흐는 생전에 자신의 작품을 한 점도 팔지 못했다. 하지만 그가 죽고 난 후 지금까지 사람들은 그를 천재라고 생각한다. 이런 사람들의 실제 가치가 변하는 것은 아니다. 변하는 것은 단지 다른 사람들이 갖고 있는 가치판단과 의견일 뿐이다.

만일 다른 사람들이 자신을 어떻게 평가하느냐에 따라 스스로를 평가한다면 당신은 분명히 실망하게 될 것이다. 모든 사람을 항상 만족시키고 즐겁게 해줄 수 없다는 것은 분명한 사실이다. 다른 사람들이 때로는 당신을 거부하거나 싫어할

수 있다는 점을 받아들이면 사회불안장애의 극복에 많은 도움
이 될 것이다.

이런 신념은 대인관계 상황에서 부적응적인 생각을 하게
끔 만든다. 자, 이제 이런 신념이 타당하지 않다는 것을 인정
할 수 있는가? 만일 아직도 확신이 없다면 한 번 더 이 글을
읽어보라.

• 일부분만 보고 전체를 평가하는 것은 아닌가?

사회불안장애가 있는 사람은 부정적인 자기개념을 가지고
있기 때문에 자신의 단점이나 잘못하는 부분을 가지고 자신이
무능하다고 생각하는 경향이 있다. 이런 오류를 바로잡기 위
해서는, 자신이 전체적으로 다 못난 것이 아니라 자신에게는
잘하는 것과 못하는 것이 있고 좋은 점과 나쁜 점이 있다는 것
을 분리해서 생각할 수 있어야 한다.

또한 어떤 한 가지 행동으로 자신의 전체를 평가하지 말아
야 한다. 즉, 그 사람의 행동과, 성격이나 인격은 분리되어야
한다. 예를 들어, 말을 잘 못한다고 해서 자신이 전반적으로
형편없고 못난 사람이라고 생각하는 것은 잘못된 생각이라는
것이다. 사람에 따라서는 더 잘하는 것이 있고 못하는 것이 있
을 수 있다. 이것은 그 사람의 특성일 수 있는데, 못하는 것만
을 근거로 무능하다고 결론을 내리는 것은 잘못된 것이다.

그 밖에도 부적응적인 자동적 생각을 타당한 생각으로 바꾸는 기법들이 모두 역기능적 신념을 타당한 신념으로 바꾸는 데에 그대로 활용될 수 있다.

② 유용성 검증

다음으로 이런 역기능적인 신념을 검토해볼 때는, 자신이 그 신념을 가짐으로써 자신에게 얼마나 도움이 되는가를 살펴보아야 한다. 그러한 역기능적 신념을 가짐으로써 자신에게 도움이 되는 점과 손해가 되는 점을 모두 열거해서 직접 비교해볼 수 있다.

예를 들어, '실수하면 안 돼'라는 역기능적 신념을 가지고 있는 사람은 이런 역기능적 신념을 가지고 있기 때문에 실수를 안 하고 더 잘하기보다는 이런 부담감 때문에 더 불안해지고, 이런 기준에 비추어보면 항상 자신이 모자라므로 '나는 뭔가 부족해'라는 자기비하적인 신념을 가지게 되었다. 따라서 이런 신념은 자신의 수행을 방해할 뿐 전혀 도움이 되지 않는다는 것을 깨달아야 한다.

③ 현실성 검증

자신이 가지고 있는 신념이 얼마나 현실과 일치하는지, 즉 얼마나 현실적으로 가능한 신념인지를 살펴보아야 한다. 많은 경우 역기능적 신념은 현실적이지 않다는 점을 깨닫게 된다. 사회불안장애가 있는 사람이 흔히 가지고 있는 역기능적 신념 중 '다른 사람들한테 인정받으려면 완벽해야 돼' 또는 '나는 모든 사람한테 인정받아야 돼' 등의 신념은 현실적으로 절대 가능할 수 없는 신념이다. 우리는 신이 아닌 이상 완벽할 수 없다. 예수나 석가모니 같은 성인도 그를 싫어하는 사람이 있었는데, 하물며 우리야 어떠랴?

④ 형성 배경 검토

역기능적 신념은 환경과의 경험을 통해 형성되는 것이며, 그것을 가지고 있는 사람이 환경에 적응하기 위해 만들어낸 경험의 산물이다. 따라서 이런 역기능적 신념은 형성 당시에는 열악하고 해로운 환경으로부터 어느 정도 자신을 보호하는 기능을 했으므로 적응적인 면이 있다.

조그만 실수나 잘못에도 심하게 야단치고 때리는 아버지 밑에서 자라난 이 군은 '실수하면 절대 안 돼. 완벽해야 돼'라는 역기능적 신념을 가지고 있어서 그 당시에는 덜 야단맞고 덜 맞을 수 있었다. 이런 면에서 그 당시에는 이 군에게 완벽주의적인 역기능적 신념은 적응적이었을 수 있다.

하지만 이 군이 대기업의 회사원으로 성장해서도 이런 역기능적 신념을 가지고 있다면 어떻게 될까? 여전히 이런 완벽주의적인 역기능적 신념이 도움이 될까? 한마디로 말한다면 전혀 도움이 되지 않을 것이다. 이런 완벽주의적인 신념을 가지고 있으면 부담감만 더 생겨 남 앞에서 어떤 일을 할 때 더 불안하게 되고 수행을 더 못하게 된다. 또한 비현실적으로 달성하기 어려운 완벽주의적인 기준에 매달리다 보면 자신이 무능하고 열등하게 보이게 되고, 좌절감과 무력감만 쌓이게 된다.

앞과 같은 아버지가 아니라 자신에게 우호적인 보통 사람들과 함께 일하는 지금 상황에서도 이 군이 이런 기준을 가지고 있다면 이는 자신의 잠재 능력을 제대로 발휘하지 못하게 만들 뿐이라는 것을 깨달아야 한다.

⑤ 핵심 신념 작업표

〈핵심 신념 작업표〉를 기록함으로써 역기능적 신념의 타당성을 검토하고 타당한 신념으로 바꿀 수 있다. 핵심 신념 작업표는 두 부분으로 구성된다.

왼쪽에는 과거의 역기능적인 신념에 모순되면서 새롭게 바꾼 타당한 신념을 지지하는 사건들과 경험들을 기록한다. 이런 작업을 통해 자신의 긍정적인 면을 잘 인식할 수 있게 된다.

만약 자신의 긍정적인 경험을 찾기 어렵다면 다른 사람의 경우에 비추어 긍정적인 증거로 보일 만한 것을 생각해본다.

핵심 신념 작업표	
이전의 역기능적 신념: 나는 무능하다. 제대로 할 수 있는 일이 거의 없다. 　　현재 이전의 역기능적 신념을 어느 정도나 믿고 있습니까? 　　(0~100%) **새로운 신념**: 어떤 면에서는 잘할 수 있다. 　　현재 새로운 역기능적 신념을 어느 정도나 믿고 있습니까? 　　(0~100%)	
이전의 역기능적 신념과 모순되는 타당한 신념을 지지하는 증거들	이전의 역기능적 신념들을 지지했던 증거들을 보다 적응적으로 보는 방법
• 보고서 작성에 필요한 참고문헌을 많이 찾았다. • 심리학 시간에 논문을 번역한 후 잘했다는 칭찬을 받았다. • 강의시간에 이해되지 않는 부분에 대해 설명해 달라는 요청을 받았다. • 이해가 되지 않는 부분을 참고도서를 통해 이해할 수 있었다.	• 수업시간에 들은 강의 내용을 거의 이해할 수 없었다. 그러나 교수님이 워낙 방대한 내용을 짧은 시간에 설명하느라 학생들이 이해하기도 전에 다음 내용으로 넘어가, 나중에 다른 사람에게 물어보거나 책을 통해 이해할 수 있었다. 내가 이해하지 못한 것은 내가 모자라서가 아니라 강의가 너무 빨리 진행되었기 때문이다.

예를 들어, 유능하다고 생각되는 어떤 사람을 생각해보고, '내가 그 사람이라면, 유능하다고 말할 만한 어떤 행동을 했는가?'라는 질문을 해본다.

오른쪽은 이전의 역기능적 신념을 지지하는 증거들을 보다 적응적이고 타당한 신념으로 바꾸는 것이다. 먼저, 이전 신념을 지지하는 증거들을 적고 그다음에 "그러나"를 쓴 후, 이런 증거들을 다르게 보는 방법을 생각해보고 타당한 신념으로 바꾸어본다.

이런 작업을 함으로써 이전의 역기능적 신념을 지지하는 증거들이 더 이상 역기능적 신념을 지지하는 증거가 아니라는 것을 알 수 있게 된다.

이런 2가지 작업을 통해 대인관계에서 거절당하고 무능하게 여겨졌던 경험에 내 주의가 집중되어 있던 것을 수용 받고 즐거웠던 경험 또는 자신이 유능하게 여겨졌던 경험 쪽으로 주의의 초점을 돌릴 수 있다. 또한 이런 작업을 통해서 그 동안에는 몰랐던 자신의 장점을 스스로 발견할 수 있다.

⑥ 대처 카드

자동적 생각의 경우에서 사용하였던 대처 카드를 활용해 타당한 신념들을 메모해서 가지고 다니면서 타당한 신념을 습관화할 수 있다.

타당한 신념으로 바꾸기

범주 1. 부정적인 자기개념

역기능적 신념	타당한 신념
난 다른 사람보다 열등해.	그 당시의 일 하나만 가지고 날 부정적으로 단정짓는 것은 잘못된 생각이야. 내가 가장 가운데 서 있어서 사람들의 시선이 집중되었었어. 그래서 떨렸던 거야. 그리고 내가 좋아하는 선배가 날 보고 있다고 생각하니까 좀 떨렸던 거야. 그런 상황에서 내가 남들보다 못하다고 자책하는 것은 잘못된 거야.
나는 잘하는 게 없다. 나는 부족하다.	노래는 잘 못 부르지만 내가 잘하는 것도 있다. 난 자신에 대해 어느 정도 자신감도 갖고 있다.
남들과 잘 어울리지 못한다.	많은 사람하고는 아니지만 몇몇 사람, 특히 마음이 맞는 사람하고는 친하다.
나의 발표 불안은 고칠 수가 없다.	이제는 가망성이 보이고, 좀 더 노력하면 고칠 수 있다고 자신한다.
나는 이상하게 생겼다. 못생겼다. 나는 우스꽝스럽고 촌스럽다.	내 외모나 결점을 자연스럽게 받아들이고 즐겁게 살자.

범주 2. 타인의 인정에 대한 과도한 요망	
역기능적 신념	**타당한 신념**
다른 사람들로부터 항상 좋은 평가를 받아야 한다. 모든 사람으로부터 인정을 받아야만 한다. 그렇지 못하다면 나는 존재 가치가 없다.	다른 사람들로부터 좋은 평가를 받고 인정을 받는 것은 매우 좋은 일이지만, 반드시 그래야 하는 것은 아니다. 더군다나 모든 사람으로부터 인정을 받는다는 것은 비현실적이다. 나를 인정해주는 사람이 내주변에 몇 사람이라도 있으면 그것으로 족하다.
나보다는 남을 먼저 배려해야 한다.	그럴 수 있으면 좋지만, 나 자신(자존심)에게 상처를 입히면서까지 남을 배려할 의무는 없다.

범주 3. 완벽주의와 타인 및 대인관계에 대한 경직된 신념	
역기능적 신념	**타당한 신념**
항상 완벽해야 한다.	완벽을 추구하다 보면 더 주눅이 들고 실수가 잦아지기 마련이다. 그보다는 나 자신이 부족함을 인정하고 오히려 그런 솔직한 마음으로 최선을 다하면 좋은 결과가 있을 것이다.
남들 앞에서 불안해하거나 부족한 점을 보여서는 안 된다.	불안하면 불안한 대로, 부족하면 부족한 대로 내가 할 수 있는 데까지 해보는 것이 더 중요하다.
말을 유창하게 잘해야 한다.	어떤 상황에서건 말을 유창하게 잘하는 것은 바람직한 일이지만, 반드시 그래야 하는 것은 아니다. 또 그렇지 못하다고 해서 큰일이 나는 것도 아니지 않은가? 경우에 따라서는 말을 좀 못하더라도 그게 매력이 될 수도 있다.

(3) 행동실험

역기능적 신념의 타당성을 검토해볼 때 언어적 방법으로 불충분하다고 생각될 때는 행동실험을 통해 그 신념이 타당한지를 검증해볼 수 있다.

① 다른 사람들의 기준에 대한 정보 수집하기

자신이 가지고 있는 기준이 보편적이라고 그냥 가정해버리기보다는, 주변 사람들에게 '어떤 핵심 신념을 가지고 있는지'를 물어봄으로써 자신의 역기능적 신념이 타당하고 현실적인지를 검토해볼 수 있다.

예를 들어, 완벽주의적 기준을 가지고 있는 이 군은 많은 사람이 모든 일에서 완벽해야 된다는 내적 기준을 가지고 있다고 생각했다. 하지만 이 군이 친구들에게 물어본 결과, 놀랍게도 대부분의 사람은 '어떤 사람도 항상 완벽할 수는 없다. 때로 실수할 수도 있다'라는 융통성 있고 현실성 있는 신념을 가지고 있다는 것을 알게 되었다.

② 다른 사람들의 행동 관찰하기

다른 사람들이 가지고 있는 핵심 신념을 앎으로써 자신의 핵심 신념의 타당성을 검토해볼 수 있다. 이것을 알기 위해서는 다른 사람들의 행동을 관찰해야 한다.

김 양은 '음식을 먹을 때는 항상 깨끗하게 먹어야 한다'는 핵심 신념을 가지고 있었다. 그래서 직장 동료들과 점심을 먹을 때는 흘릴까 봐 굉장히 조심하였다. 그러다 보니 자기 앞에 있는 음식들만 먹게 되고 소화도 잘 되지 않았다. 김 양은 자신의 핵심 신념이 보편적인 예의에 속하는지를 알아보기 위해 다른 사람들의 행동을 관찰하였다. 놀랍게도 다른 사람들은 매우 많이 흘린다는 사실을 발견하게 되었고, 음식을 먹을 때는 깨끗이 먹는 것이 좋지만 절대 흘리지 않아야 되는 것은 아니며, 좀 흘려도 문제가 되지 않는다는 것을 깨닫게 되었다.

③ **신념에 상반되는 행동을 하고 그 결과를 관찰하기**

사회불안장애가 있는 사람은 흔히 사회적 상황에서 해도 된다고 생각하는 행동범위에 대해 다음과 같이 지나치게 경직된 규칙들을 가지고 있다. '다른 사람들의 주의를 끌어서는 안 된다' '항상 적절하게 행동해야 한다' '어떤 사람도 불편하게 해서는 안 된다' '다른 사람들 앞에서 실수하면 안 된다.'

그들은 매우 경직되고 좁은 범위 안에서만 행동하고, 이런 범위 안에서 행동해야만 안전할 것이라고 생각한다. 따라서 역기능적 신념을 바꾸기 위해서는 수용 범위를 확장시킬 필요가 있다. 수용 가능한 행동범위를 확장시킴으로써 그들은 오랫동안 지속해온 제한된 행동 패턴을 수정하고, 설사 어떤 행동은 사회적 관습을 깨뜨리는 것일지라도 그런 광범위한 행동이 수용 가능하고 다른 사람들에게는 중요하지 않다는 것을 깨달을 수 있게 된다.

사회불안장애가 있는 사람은 흔히 자신의 신념에 상반되는 행동을 하게 되면 상당히 끔찍한 결과가 일어날 것이라고 예상한다. 따라서 실제로 그런 결과들이 일어나는지를 알기 위해 신념에 상반되는 행동을 해보고 결과를 관찰해야 한다. 만약 그런 결과가 일어나지 않는다면, 자신의 신념이 잘못되었다는 것을 알게 될 것이고 좀 더 타당한 신념으로 바꿀 수 있을 것이다.

이런 행동실험의 예로는 다른 사람 앞에서 일부러 실수하기, 다른 사람의 부탁을 거절하기, 사람들의 의견에 동의하지 않기, 불평하기, 10켤레의 구두를 신어보고 사지 않기, 슈퍼마켓 선반에서 물건 떨어뜨리기 등이 있다.

④ 새로운 핵심 신념을 행동으로 검증해보기

자신이 새롭게 바꾼 핵심 신념이 타당한지를 검토해보기 위해 새로운 핵심 신념에 따라 직접 행동해보고 그 결과를 관찰해볼 수 있다. 사회불안장애가 있는 사람은 흔히 이전에 고집해왔던 핵심 신념에 따라 행동하지 않고 새로운 핵심 신념에 따라 행동하게 되면 끔찍하고 불쾌한 결과가 일어날 것이라고 생각한다. 그러나 그들이 덜 완벽주의적인 새로운 핵심 신념에 따라 행동해도 자신이 생각하는 끔찍한 결과가 일어나지 않는다는 것을 체험하게 되면 새로운 핵심 신념을 더 믿게 될 것이다.

프로그래머인 김 씨는 도움을 요청하는 것이 자신의 무능을 드러내는 것이라는 역기능적 신념을 가지고 있었다. 그는 자신의 역기능적 신념을 다음과 같은 타당한 신념으로 바꾸었다. '독립적으로 어떤 문제를 해결할 수 있는 것은 좋은 일이야. 하지만 내가 항상 그럴 수 있다고 생각하는 것은 타당한 생각이 아니야. 난 인간이고, 때로 도움이 필요할 수 있어. 내가 할 수 있으면 내가 하고, 도움이 필요하면 도움을 청하자.' 그리고는 이 새로운 핵심 신념을 검증하기 위해 직접 직장 동료에게 컴퓨터 프로그램과 관련하여 도움을 청해보았다. 그 결과, 친구는 전혀 무능하다고 생각하지도 않았고 기꺼이 도왔으며, 김 씨가 그렇게 완벽한 사람이 아니라는 점 때문에 그를 더 좋아하게 되었다.

역기능적 신념을 검증하고 타당한 신념으로 바꿀 때 위의 평가방법에 덧붙여 다음과 같은 마음가짐을 갖는 것이 도움이 된다.

첫째, 자기 자신을 있는 그대로 수용하는 자세가 필요하다. 자신의 핵심 신념 중에는 타당성, 유용성, 현실성을 따져보아도 타당한 것이 있을 수 있다. 예를 들면, '나는 키가 작다' '나는 수학적 이해력이 부족하다' 등과 같이 자신의 단점이나 부족한 부분이 있을 수 있다. 누구에게나 모자라고 부족한 부분이 있기 마련이다. 따라서 자신의 바꿀 수 없는 결점이나 부족한 점은 있는 그대로 수용하는 자세가 필요하다. 대신 장점이나 재능을 개발하면 된다.

둘째, 변화의 속도 및 폭에 대한 개인차가 있다는 것을 알고 아주 작고 천천히 일어나는 변화라도 소중히 여기도록 하자. "천리 길도 한 걸음부터"라는 말이 있다. 처음부터 너무 많은 변화를 기대하지 말고, 겸손하고 성실한 자세로 작은 변화를 소중히 여기면서 실천적 노력을 기울인다면 분명히 변화될 수 있다.

4) 직면하기

불안을 극복하는 가장 좋은 방법 중 하나는 두려워하는 상황에 반복적으로 부딪쳐보는 것이다. 두려운 상황에 부딪쳐보아서 '내가 느끼는 것만큼 불안하지는 않구나' 또는 '내가 두려워하는 일이 정말 일어나지는 않는구나'라는 것을 직접 느끼기 전까지는, 불안은 생각만으로는 없어지지 않는다. 그래서 불안을 느끼는 상황을 더 이상 회피하지 않고 부딪쳐보는 것이 중요하다. 불안한 상황에 반복해서 머무르게 됨에 따라 우리는 두려워하는 일이 일어나지 않는다는 것을 알게 될 것이고 우리 몸 역시 상황이 진짜 위험한 것이 아니라는 것을 배우게 될 것이다. 이것은 불안습관을 없애는 데도 매우 도움이 된다.

예를 들어, 자전거 타는 법을 배우는 것을 생각해보자. 자전거를 잘 타기 위해서는 자전거를 타는 요령을 알고 직접 타 보면서 체험하는 것이 필요하다. 마찬가지로, 사회불안장애의 경우에도 잘못된 자동적 생각을 타당한 생각으로 바꾸는 것만으로는 사회불안장애로부터 완전히 자유로울 수 없다. 실제로 두려운 상황에 직접 부딪쳐보면서 자신이 두려워하는 일들이 일어나지 않는다는 것을 체험해보아야 한다.

반복적으로 두려운 상황에 부딪쳐보는 것은 몇 가지 점에서 사회불안장애가 있는 사람에게 매우 유익하다. 우선, 이것은 자신이 가진 부적응적인 자동적 생각들이 타당한지 아닌지를 확인하게 해준다. 사회불안장애가 있는 사람은 사회적 상황에서 앞에서 배운 부적응적인 자동적 생각을 타당한 생각으로 바꿈으로써 자신이 두려워하는 결과가 일어나지 않는다는 것을 생각할 수 있다. 하지만 많은 경우 혹시나 하는 생각 때문에 여전히 두려운 결과가 일어날까 봐 불안해할 수 있다. 이때 정말로 두려워하는 일이 일어나지 않는 것을 검증해보기 위해서는 실제 두려워하는 상황에 부딪쳐보아야 한다.

둘째, 두려운 상황에 반복해서 부딪쳐보는 것은 그 자체만으로도 불안을 감소시키고 사회적 상황에 대처하는 능력을 기르는 데 매우 도움이 된다. 사회불안장애가 있는 사람은 두려워하는 사회적 상황을 대부분 피하려고 한다. 이렇게 반복적으로 피하다 보면 그런 상황에서 견디고 대처할 수 있는 능력을 배울 기회가 없어지게 되고, 점점 사회적 기술이 부족한 사람이 되어간다. 아마 독자들 중에는 전에도 두려운 상황에 자주 접해봤지만 전혀 나아지지 않고 점점 심해졌다고 말하는 사람이 있을 것이다. 이런 사람들은 충분한 시간 동안 두려운 상황에 머물지 않았거나 잘못된 방법으로 그 상황에 머무름으로써 더 불안해졌다고 할 수 있다. 중요한 것은, 불안하더라도 충분한 시간 동안 불안을 유발하는 상황에 머무르는 것이다. 그렇다고 직면 훈련을 무턱대고 한다고 다 효과가 있는 것은 아니다. 다음에 소개하는 방법을 사용하여 점진적이고 체계적으로 해야 효과적이다.

앞의 자전거 예를 다시 들어보자. 처음부터 자전거를 잘 탈수 있는가? 그렇지 않다. 처음에는 누구나 타는 것이 매우 서툴 것이다. 이때 만약 힘들다고 자전거 타는 것을 포기한다면 절대 자전거 타는 것을 배울 수 없을 것이다. 처음에 조금 힘들어도 요령을 익히고 조금씩 단계적으로 노력하면 어느 순간 자기도 모르게 잘 탈 수 있게 된다. 두려운 상황에 대한 직면 훈련도 마찬가지다. 처음에 조금 어렵지만 조금씩 단계적으로 노력하다 보면 사회적 상황에서 편안해지고 능숙해질 것이다.

직면 훈련은 체계적이고 점진적으로 해야 한다. 진정으로 사회불안장애에서 벗어나려고 한다면 기꺼이 오랫동안 피해 왔던 상황들에 직면해보는 위험을 무릅쓰고, 두려워하는 상황에 직면할 때 처음 나타나는 불편감을 감수해야 한다. 또한 있을 수 있는 퇴보에도 불구하고, 직면 훈련을 충분히 오랜 시간 동안 일관성 있게 계속해야 한다.

(1) 직면 훈련 준비

두려운 사회적 상황에 부딪쳐보기 전에 과제를 먼저 정해야 한다. 일단 과제가 정해지면 그 상황에 부딪쳤을 때를 상상해서 떠오르는 자동적 생각을 찾아내고 타당한 생각으로 바꾸어보자. 또한 사회적 상황에서 불안을 줄이기 위해 자주 하는 안전행동들을 생각해보고, 그런 안전행동이 불안이나 두려움을 줄이는 데 도움이 되지 않는다는 것을 느끼게 되면 두려운 상황에 부딪칠 준비가 충분히 된 셈이다.

① 직면 과제 선정하기

제일 먼저 직면할 상황을 정한다. 사회불안장애가 있는 사람은 다양한 사회적 상황에서 불안을 느낀다. 이 중에서 자신에게 가장 시급하고 중요한 상황을 정해보자. 예를 들면 발표하기, 낯선 사람들과 얘기하기, 이성과 데이트하기 등 여러 가지 상황이 있을 수 있다.

직면할 상황을 정했으면 직면할 상황에 대한 구체적이고 세분화된 단계를 정한다. 예를 들어, '다른 사람들 앞에서 얘기하기'라는 상황을 직면 상황으로 정했다고 하자. 그다음에는 〈직면 훈련 단계표〉를 사용하여 이런 상황의 예 중에서 가상 불안을 적게 유발하는 상황부터 가장 많은 불안을 유발하는 상황을 차례대로 적어보자. 이렇게 상황을 단계적으로 세분해 놓으면 단계적이고 점진적인 직면 훈련을 할 수 있을 뿐 아니라, 특정한 단계에서 어려움이 생기면 그 전 단계로 돌아가서 다시 시작해볼 수 있다.

마지막으로, 앞의 두 과정을 통해 직면할 과제를 선정한다. 직면 과제는 구체적이고 특정적이며 행동적인 용어로 정해야 한다. 예를 들어, '이성에게 얘기하기'보다는 '더 알고 싶은 이성에게 5가지 질문하기' 등으로 직면 과제를 정하는 것이 좋다. 또한 처음에 직면할 과제를 정할 때는 보통 가장 불안을 적게 일으키는 상황을 정한다. 이렇게 하는 이유는, 점진적으로 두려운 상황에 직면하는 것이 직면 훈련에서 가장 중요하기 때문이다. 처음에 너무 어려운 상황부터 직면을 시작하면

직면 훈련 단계표

직면할 상황: 다른 사람들 앞에서 발표하기

단계	단계별 직면할 상황
1	잘 아는 2~3명 앞에서 얘기하기
2	잘 아는 5~6명 앞에서 얘기하기
3	친한 친구들이 모여서 하는 스터디 그룹에서 다른 사람들의 발표 내용에 질문하기
4	친한 친구들이 모여서 하는 스터디 그룹에서 발표하기
5	5~6명 정도 모여서 하는 수업시간에 질문하기
6	5~6명 정도 모여서 하는 수업시간에 어떤 주제에 대해 자기 의견 말하기
7	5~6명 정도 모여서 하는 수업시간에 발표하기
8	10명 정도 모여서 하는 수업시간에 어떤 주제에 대해 자기 의견 말하기
9	10명 정도 모여서 하는 수업시간에 발표하기
10	20명 정도 모여서 하는 수업시간에 발표하기
11	대규모 강의시간에 발표하기

실패하기 쉽고 위축되어서 다음에 다시 두려운 상황에 직면해볼 용기를 잃어버린다.

② 자동적 생각

직면 과제를 하는 자신을 상상해본다. 자신이 그 상황 속에서 보일 행동이나 생리적 반응, 자동적 생각 등에 대해 생생하게 상상할 수 있을 때까지 몇 분간 곰곰이 생각한다. 이때 시각적 심상을 떠올리면서 상상하면 좋다. 자신이 두려운 상황에 처해 있다고 상상하고 그런 모습을 떠올려보자. 그런 상황에 있을 때 어떤 생각이 떠오르는가? 자신에게 일어나는 자동적 생각에 초점을 맞춘다.

또한 각각의 자동적 생각에 대해 논박을 거쳐 타당한 생각으로 바꾸어보자. 이런 생각들을 직접 적어보면 도움이 된다. 그리고 이렇게 바꾼 타당한 생각을 믿어야 한다.

③ 안전행동

이런 상황에서 불안을 줄이기 위해서 해왔던 안전행동들을 생각해내서 기록해본다. 그리고 안전행동을 적극적으로 하지 않고 상황에 직면할 계획을 세워본다. 이때 안전행동은 내가 하는 일을 방해하고 불안을 가중시킨다는 것을 잊지 말아야 한다.

안전행동은 사회적 상황에서 다른 사람들이 자신을 부정적으로 평가하는 것을 줄이거나 두려운 결과가 일어나는 것을 막기 위해 하는 행동들이다. 예를 들어, 발표하는 상황에서 얼굴 근육이 떨리거나 목소리가 떨리는 것을 두려워할 경우 불안을 감추기 위해 고개를 숙이거나, 손을 얼굴 쪽으로 올려 가리거나, 목소리가 떨리는지 계속 체크하거나, 빨리 끝내는 등의 안전행동을 한다. 또한 사람들 앞에서 얼굴이 붉어지는 것을 두려워하는 경우 불안을 감추기 위해 손으로 얼굴을 가리거나, 시선접촉을 피하거나, 시선을 끌지 않도록 애쓰거나, 말을 적게 하는 등의 안전행동을 한다.

종종 특정한 안전행동은 두려워하는 결과와 관련이 되어 있다. 예를 들어, 말을 하면서 중간에 잠시라도 중단하면 다른 사람들이 자신을 불안한 사람으로 볼 것이라고 두려워하는 사람은, 말할 내용을 미리 상세히 암송할 것이고 말을 매우 빨리 할 것이다. 음료를 마시면서 손이 떨릴지도 모른다고 두려워하는 사람은 컵을 힘주어 꽉 잡을 것이다. 그런데 이런 안전행동들은 종종 다음과 같은 문제가 있다.

첫째, 이런 안전행동들은 이들이 두려워하는 신체감각을 증폭시킨다. 자신이 어떻게 하고 있는지를 모니터하는 안전행동들은 자기에게 주의를 쏠리게 만든다. 이렇게 되면 자신의 신체감각에 예민해지고, 결과적으로 이런 신체감각들이 훨씬 더 증폭되어 지각된다.

둘째, 사회불안장애가 있는 사람은 사회적 상황에 부딪쳤을 때 자신이 두려워하는 결과가 일어나지 않게 되면, 그런 결과가 원래 일어나지 않을 것 같다고 생각하기보다는 자신이 안전행동을 해서 두려운 결과가 일어나지 않았다고 생각하게 된다. 그럼으로써 두려운 결과에 대한 잘못된 믿음을 계속 유지시키고 반박할 기회를 잃어 결국 불안이 유지된다.

셋째, 안전행동은 상대방으로부터 부정적인 반응을 유발할 수 있다. 사회불안장애가 있는 사람은 흔히 자신의 불안을 감추기 위해서 얘기하는 상대방을 쳐다보지 않거나 되도록 말을 적게 하는 안전행동을 한다. 이렇게 되면 상대방은 자신에게 관심이 없어서 그런 행동을 한다고 오해하고는 그들에게 덜 호의적으로 대하게 된다.

넷째, 안전행동은 수행을 방해한다. 안전행동은 자기 쪽으로 주의를 향하게 만든다. 즉, 자신이 어떤 행동과 말을 하고 있는지를 검토하고 모니터하게 된다. 이렇게 되면 사회적 상황에서 진짜 해야 될 일, 예를 들면 말하는 내용에 집중하지 못하게 되어 결국 해야 할 일을 잘 못하게 된다.

그렇다면 어떻게 자신의 안전행동을 찾을 수 있을까? 다음과 같은 질문을 통해 사회적 상황에서 불안이나 두려움을 줄이기 위해 자신이 하는 안전행동을 찾아낼 수 있다.

- 두려운 일이 일어나고 있다고 생각했을 때 그것을 막기 위해 어떤 일을 했습니까?
- 불안하게 느낄 때 당신이 생각하기에 일어날 수 있는 최악의 일은 어떤 일입니까? 그런 일이 일어나는 것을 막기

위해 어떻게 했습니까?

• 안전행동을 하지 않았다면, 당신이 보기에 두려운 사건
이 얼마나 많이 일어났을 것 같습니까?

• 당신이 덜 불안하게 보이거나 당신의 사회불안 문제를
숨기기 위해 당신은 어떤 일을 합니까?

• 당신 자신에게 주의가 쏠리는 것을 막기 위해 어떤 일을
합니까?

또한 〈안전행동 질문지〉를 사용하여 자신의 안전행동들을
찾아볼 수도 있다.

 안전행동 질문지

아래 문항들은 사회적 상황에서 불안을 경험할 때 사람들이
대처하는 방식들을 모아놓은 문항들입니다. 당신이 두려운 상
황에 직면할 때 불안이나 두려움을 줄이기 위해 이러한 행동
들을 어느 정도 하는지를 오른쪽에 있는 5가지 대답 가운데
한 가지를 골라 ○표를 해주십시오.

1. 시선접촉을 피한다.	0	1	2	3	4
2. 내 목소리에 집중한다.	0	1	2	3	4
3. 내 발음에 신경을 쓴다.	0	1	2	3	4
4. 말하는 동안 내가 하는 말을 계속 검열 한다.	0	1	2	3	4
5. 말하는 도중에 중단되는 것을 피한다.	0	1	2	3	4
6. 말을 빨리 한다.	0	1	2	3	4
7. 말할 내용을 머릿속에서 미리 준비한다.	0	1	2	3	4
8. 말을 적게 한다.	0	1	2	3	4
9. 가능하면 나 자신에게 주의가 많이 가지 않도록 한다.	0	1	2	3	4
10. 심호흡을 한다.	0	1	2	3	4
11. 물건을 꽉 잡는다.	0	1	2	3	4

(2) 두려운 상황에 직면하기

이제 두려운 상황에 성공적으로 대처할 수 있는 준비가 충분히 되어 있다. 실제로 직면 훈련을 할 때는 안전행동을 적극적으로 멈추고, 자신에게 집중하기보다는 하고 있는 말의 내용이나 과제에 집중해야 한다.

안전행동을 적극적으로 하지 않기 위해서는 안전행동을 하지 않으면 어떤 효과가 있는지를 알 필요가 있다. 이를 위해 두려운 상황에 직면했을 때 평소대로 안전행동을 하면서 상황에 직면해보고, 반대로 안전행동을 적극적으로 하지 않고 두려운 상황에 접해본다. 이렇게 2가지 조건하에서 두려운 상황에 접해보면 안전행동을 했을 때와 하지 않았을 때 어떤 일이 일어나는지를 분명하게 알 수 있게 된다. 이것을 인지치료에서는 안전행동 실험이라고 부른다.

안전행동 실험의 목적은 안전행동을 하지 않으면 어떤 일이 일어나는지를 확인해보는 데 있다. 즉, '안전행동을 하지 않았을 때 두려운 일이 일어날 것'이라는 부정적인 자동적 생각이 타당한지를 직접 확인해보는 것이다. 이런 것들을 제대로 하기 위해서는 우선 특정한 대인관계 상황과 관련되어 있는 부정적인 자동적 생각과 그때 하는 안전행동을 파악해야 한다.

먼저, 두려운 상황에 접했을 때 머릿속에 떠오르는 생각을 파악한다. 또한 두려운 상황에서 두려운 결과가 일어나는 것을 막기 위해 지금까지 해왔던 안전행동을 찾아낸다. 이를 위해서는 다음과 같은 질문이 도움이 된다. '불안하게 느낄 때, 당신이 생각하기에 일어날 수 있는 두려운 일최악의 것은 무엇입니까?' '그런 일이 일어나는 것을 막기 위해 당신은 어떤 일을 합니까?'

둘째, 자신의 안전행동이 어떻게 불안을 증폭시키고 부정적인 자동적 생각을 계속 유지해서 고칠 수 없게 만드는지를 충분히 이해해야 한다. 안전행동들은 수행을 방해하고, 어떤 면에서는 더 눈에 띄게 만들며, 신체적 증상을 증폭시킨다. 따라서 이런 안전행동을 실험해보는 목적을 이해해야 한다.

셋째, 안전행동을 하지 않고 외적인 것말하는 내용이나 과제에 주의를 돌려야 한다. 두려운 사회적 상황에 직면해보면서 안전행동 실험을 해볼 때 유의해야 할 점들이 있다. 무엇보다 충분한 시간 동안적어도 5분 이상 그 상황에 머무르면서 어떤 일이 일어나는지를 검증해보아야 한다. 너무 짧은 시간 동안 상황에 머무르는 것은 지금껏 해왔던 안전행동이며 오히려 불안이 증가되는 경우가 많다. 또한 안전행농을 하지 않았을 때 자신의 불안이 감소되는지를 알아본다는 생각보다는, 무슨 일이 일어나는지를 시험해본다는 마음으로 임해야 한다. 그리고 불안하게 보이지 않으려고 애쓰거나 수행을 향상시키기 위해서 애쓰는 행동들을 적극적으로 하지 않도록 해야 한다.

넷째, 안전행동을 하지 않고 두려운 상황에 직면해본 다음, 자신이 두려워했던 결과가 일어났는지를 검토해본다. 이를 통해 '안전행동을 하지 않으면 두려운 일이 일어날 것'이라는 생각이 정말로 타당한지를 직접 확인해볼 수 있다. 또한 안전행동을 하지 않았을 때와 안전행동을 했을 때의 차이점을 비교함으로써 안전행동이 불안에 어떤 영향을 미치고 있는지를 확인할 수 있을 것이다.

이런 안전행동 실험을 통해 당신은, 불안이나 두려움을 줄이기 위해 하는 안전행동들이 오히려 불안과 두려움을 더 가중시킨다는 것을 알게 될 것이다. 이런 확신이 생기게 되면 두려운 상황에 직면할 때 적극적으로 안전행동을 하지 않도록 애쓰게 된다.

 효과적인 직면 훈련을 위한 고려사항

1. 위험을 기꺼이 감수하려는 마음가짐을 가져야 한다.
2. 어느 정도의 불편함을 감수하려는 마음가짐을 가져야 한다.
3. 자신의 속도대로 진행한다.
4. 직면 훈련 초기에 느낄 수 있는 강렬한 두려움에 대처하는 방법을 배운다. 복식호흡이나 긍정적인 자동적 생각이 도움이 된다.
5. 작은 성공이라도 자신에게 보상을 준다.
6. 직면 훈련 동안 예상되는 것을 알자.
7. 직면 훈련은 반복해야 한다.
8. 직면 훈련은 정규적으로 빈번하게 해야 한다. 적어도 일주일에 3번은 해야 효과적이다.
9. 직면 훈련은 충분한 시간(보통 30분) 동안 해야 한다.
10. 감정보다는 행동에 초점을 맞추어 자신이 어떻게 느꼈는지보다는 어떤 일을 했는지를 평가한다.
11. 직면 훈련이 성공적이라면, 두려운 상황에서 자신이 일상적으로 하는 것을 넘어선 행동들을 시도해볼 수 있다.
12. 일시적 퇴보를 예상하고 이를 다룰 수 있는 방법을 배운다.

직면 훈련을 하면서 해야 할 또 다른 일은, 짧고 분명한 긍정적인 생각을 하는 것이다. '이렇게 조금씩 함으로써 결국에는 내가 원하는 것을 할 수 있을 거야' '심각한 일은 일어나지 않을 거야. 어떤 일이 일어나더라도 괜찮아' '이번에 아주 잘할 필요는 없어. 다음에 좀 더 잘하면 돼. 내가 불완전한 인간이라는 것을 인정하자. 내가 할 수 있는 만큼만 하자' '계속 연습하다 보면 더 쉬워질 거야' '불안은 지나가기 마련이야. 불안한 대로 내가 할 수 있는 만큼만 하자.'

(3) 직면 훈련 평가

직면 훈련 중에 일어난 일을 검토하고 그것으로부터 배울 수 있는 것을 찾아보자. 만약 직면 훈련에서 실제로 예상한 자동적 생각이 떠올랐고, 그 생각에 대해 타당한 생각으로 잘 대처하여 불안을 적게 경험했다면 성공한 것이다.

한편, 비록 예상한 자동적 생각이었지만 불안을 많이 경험했다면 더 많은 노력이 필요할 것이다. 그렇다고 이것이 실패를 의미하는 것은 아니다. 단지 더 노력해야 한다는 의미일 뿐이다. 이런 자동적 생각에 대해 새로운 타당한 생각을 찾도록 노력해야 한다. 만약 예상치 못했던 자동적 생각이 떠올랐다면 그 생각에 대한 타당한 생각을 찾아보라.

5) 신체 변화에 대처하기

두려운 상황에 직면했을 때 일어나는 신체적 변화에 대처할 수 있는 능력을 길러야 한다. 불안할 때 나타나는 신체감각을 극복하는 가장 좋은 방법은 이러한 신체감각이 위험하거나 해로운 것이 아니라, 위험을 지각할 때 나타나는 자연스러운 생리적 반응이라는 것을 깨닫는 것이다. 뒤에 소개될 조절과 점진적 이완훈련은 불안할 때 나타나는 신체적 변화에 대처하는 보조적인 방법들이다.

무엇보다도 중요한 것은, 불안할 때 나타나는 신체적 변화는 위험한 것이 아니며 이런 신체적 변화는 시간이 지나면 사라진다는 것이다.

(1) 두려움에 대한 신체반응

두려움에 대한 신체반응이란 끔찍스러운 대인관계 상황에 처하기 직전이나 처했을 때 경험하는 신체적인 감각을 말한다. 가령 다른 사람들 앞에서 연설을 해야 하는 상황을 상상해 보라. 심장은 터질 듯이 쿵쾅거리고 손과 얼굴에는 땀이 뒤범벅될 것이다. 이런 증상들은 급성신체반응이라고 할 수 있다. 왜냐하면 이런 증상들은 갑작스럽게 경험하게 되고 매우 강렬하기 때문이다.

반면, 불안에 대한 만성신체반응은 보다 덜 강렬하지만 오랜 시간 동안 유지된다. 흔히 말하는 스트레스가 바로 이런 증상이다. 이런 만성적인 반응에는 두통, 위통, 피로감, 초조함 등이 있다.

불안에 대한 2가지 신체반응의 구분이 항상 명확하게 이루어지는 것은 아니다. 예를 들어, 만성불안의 수준이 높은 사람이 갑작스럽게 급성불안 증상을 경험하기 쉬운 경우도 있다. 그러나 설명을 보다 쉽게 하기 위해서 이후부터는 2가지 불안반응을 개별적으로 다룰 것이다. 급성불안의 경우 호흡조절법이 효과적이고, 스트레스 같은 만성불안반응에는 점진적 이완훈련을 사용하면 좋다.

(2) 신체 변화에 대한 잘못된 생각 바꾸기

사회불안장애를 가지고 있는 사람은 사회적 상황에 직면하지 않을 때에는 불안을 거의 느끼지 않는다. 그러나 두려운 사회적 상황에 직면하게 되면 가슴이 두근거리고, 몸이 떨리며, 얼굴이 붉어지는 등 다양한 신체 증상들을 경험하게 된다. 사람들은 왜 이런 신체적 감각들을 두려워할까?

우리가 위험을 지각하게 되면 투쟁/도피 반응의 일부로서 신체적 변화가 일어나게 된다. 위험이 지각되면 자율신경계 중 교감신경계로 응급사태라는 메시지를 보내서 에너지를 방출하고 신체가 어떤 활동을 할 수 있게끔 준비시킨다. 중요한 것은, 교감신경계가 실무율적으로 작용한다는 것이다. 즉, 교감신경계가 활성화되면 그것의 모든 부분이 다 반응한다. 따라서 많은 신체적 변화가 공포반응 동안 경험되는 것이다.

교감신경계는 아드레날린과 노르아드레날린이라는 화학물질을 방출하여 교감신경계의 활동을 계속하게 만든다. 이때 교감신경계의 활동은 화학전달물질인 아드레날린과 노르아드레날린이 신체의 다른 화학물질에 의해 파괴된 경우이나, 교감신경계의 반대 효과를 가지고 있는 부교감신경계가 활성화되어서 이완감을 회복함으로써 멈추게 된다. 신체가 충분한 투쟁/도피 반응을 한 다음에는 부교감신경계를 활성화시켜서 이완감을 회복한다. 이 말은 불안은 영원히 계속되지도 않고 계속 증가하지도 않는다는 의미다. 따라서 이런 신체적 변화는 자연스럽고 무해한 것이다.

불안할 때 나타나는 신체적 변화에 대해 좀 더 상세히 알아보자. 교감신경계의 활성화로 인해 심장박동 수가 증가하고 강해지는데, 이것은 혈류를 빠르게 해서 조직에 산소를 많이 공급하고 노폐물을 제거하기 위한 것이다. 또한 조직에 더 많은 산소를 공급하여 활발히 움직이게 하기 위해서 호흡의 속도와 깊이가 증가한다. 교감신경계가 활성화되면 열이 너무 많이 나지 않게끔 신체를 시원하게 하고 피부가 미끈거려서

적에게 쉽게 붙잡히지 않도록 하기 위해서 땀이 많이 흐르게 된다.

이 외에도 더 많은 빛을 들어오게 하기 위해 눈동자가 커지고 이로 인해 시야가 흐려지며, 타액이 감소하여 입이 마르게 된다. 투쟁/도피 반응에 도움이 되지 않는 소화활동은 억제되어 메스꺼움을 느끼거나 위가 묵직하고 수축되는 것을 느낄 수 있다. 또한 싸우거나 도망갈 준비를 하기 위해 근육들이 수축하므로 이로 인해 근육긴장감을 느끼거나 몸이 떨리는 것을 느끼게 된다.

이 모든 신체적 변화는 전반적인 신체 대사를 활성화시키는 것으로, 자연스럽고 무해한 것이다. 따라서 이런 신체적 변화가 나타나면 자연스러운 생리적 현상이라고 생각하고 자신이 하고 있는 말의 내용이나 일에 집중하다 보면 이런 신체감각들은 저절로 없어지게 된다.

(3) 호흡조절법

일단 호흡조절법을 완전히 습득하게 되면 두려워하는 상황을 직면할 수 있는 좋은 수단을 지니게 될 것이다. 두려워하는 상황에 직면했을 때 불안수준이 갑자기 높아지는 경우가 있는데, 바로 이 순간이 불편감을 감소시키는 적절한 시기이고, 호흡조절법이 이 순간에 도움이 될 수 있다. 호흡조절법은 일단 능숙하게 사용할 수 있게 되면 어느 상황에서도 이용할 수 있다.

가령 미팅을 나간 자리에서 대화를 하기 전에 잠시 동안 호흡조절법을 실시하면 이전에 나타나던 불안 증상들, 가령 손이 떨린다든지 땀이 많이 난다든지 심장이 터질 듯이 쿵쾅거리는 것이 사라지거나 많이 경감되는 것을 느낄 수 있을 것이다.

호흡조절법이란 보다 느리고 보다 일정하게 호흡하는 방법을 말한다. 호흡조절법은 위쪽 가슴에서 호흡을 하는 것이 아니라 허파와 복부를 구분해주는 크고 강한 근육인 횡격막에서부터 호흡을 하는 것이다. 전자를 흉식호흡이라 하고 후자를 복식호흡이라 한다. 호흡을 보다 효과적으로 하는 방법을 배우는 것은 정말 쉽다. 다음 3가지의 내용을 머릿속에 기억하기만 하면 된다.

① 천천히 호흡하기

숨을 천천히 쉬면 1분에 8~10번 정도의 호흡만 할 수 있게 된다. 하지만 반드시 셀 필요는 없다. 단지 호흡을 하는 속도를 늦추는 데 집중한다. 이렇게 호흡에 집중하게 되면 현재 느끼고 있을지도 모르는 불안 증상에 대한 주의가 호흡으로 옮겨지게 되는 효과가 있다.

② 코로 호흡하기

코로 호흡을 하면 의도적인 호흡항진을 막을 수 있다. 입으로 하는 호흡은 다시 흉식호흡으로 되돌아가기 십상이다. 또한 코로 숨을 쉬면 한 번에 공기를 확 들이마시지 않게 된다. 자, 이제부터는 입을 다물고 코로 호흡을 해보자.

③ 정상적인 호흡을 변화시키기

모든 호흡을 다 배로 할 수는 없다. 흉식호흡과 복식호흡 간에 균형을 이루어야 한다. 평균적으로 네 번 복식호흡을 하고 위쪽 가슴을 이용해서 한 번 흉식호흡을 하는 것이 좋다.

호흡조절법을 연습하는 것은 매우 쉽다. 우선 등을 바닥에 대고 눕는다. 갈비뼈와 배꼽 사이에 손이나 가벼운 물건, 가령 티슈 상자나 얇은 책을 올려놓는다. 배를 이용해서 손이나 물건을 움직여보자. 일단 능숙하게 호흡조절이 되면 복식호흡을 하고 있는지 살펴보기 위해서 자신의 배를 바라볼 필요가 없게 된다.

어떤 사람들은 호흡과 배의 움직임을 일치시키는 데 어려움을 겪는다. 하지만 너무 낙심하지 않아도 된다. 신체는 이미 복식호흡을 하는 방법을 알고 있다. 매일 잠자리에 들기 전에 훈련만 하면 된다. 반드시 천천히 호흡을 해야 하고, 코로 호흡해야 한다는 사실을 명심해야 한다. 이 2가지 원칙을 잘 기억하고 있다면 호흡조절법을 쉽게 배울 수 있을 것이다.

이 훈련을 매일 2번 15분씩 하면 약 1~2주 후에는 이 기법을 완전히 익히게 된다. 이런 훈련과 더불어 간이 연습도 할 수 있다. 자주 하는 활동을 한 번 생각해보라. 만일 운전을 많이 한다면 신호등에 걸려 기다리는 동안 잠시 연습을 할 수 있다. 또는 전화를 하고 있을 때나 텔레비전을 보고 있을 때나 방에 혼자 있을 때 15~30초 동안 호흡을 천천히 깊게 하기만 하면 된다.

(4) 점진적 이완훈련

두통, 소화장애, 피로감 등으로 나타나는 불안에 대한 만성신체반응은 보다 덜 강렬하지만 오랜 시간 동안 유지된다. 그래서 이런 만성신체반응은 흔히 축적되기 쉽다. 사회불안장애가 있는 사람은 늘 불안하고 긴장해 있기 때문에 이런 만성신체반응에 특히 취약하다. 따라서 이런 긴장감을 이완시키는 것이 심각한 만성신체반응을 예방하고 좀 더 건강하게 생활하는 데 많은 도움이 된다. 지금부터 점진적 이완훈련을 배워보자.

조용한 방에서 가장 편안하다고 생각되는 장소에 몸의 어느 부분도 압박이 없도록 누워 팔다리를 편안하게 뻗어보자.

훈련은 다음과 같은 지시로 시작된다.

손에 잡히는 물건을 꽉 잡으십시오. 꽉 잡고 있는 손의 감각에 신경을 집중하시기 바랍니다. 먼저, 어떤 감각이 오는가를 알아보십시오. 손에 닿은 감각이라든가 그 밖의 여러 감각이 느껴질 것입니다.

이제 물건에서 손을 떼고 이완된 상태에서 풀어진 근육의 감각에 주목하십시오. 이제부터는 당신의 몸의 다른 부분도 차례차례로 해볼 것입니다. 제가 말하는 대로 각 근육 부분을 바짝 죄었다가 풀면서 바짝 긴장했을 때와 완전히 근육을 풀어놓을 때의 감각의 차이에 주목하시기 바랍니다. 이렇게 계속 연습하시는 동안 당신은 점점 편안해지면서 과거 어느 때보다 더욱 편안해질 것입니다.

자, 오른손 주먹을 팔뚝의 근육이 떨릴 때까지 꽉 쥐십시오. 꽉 잡고 있는 손의 감각에 집중하십시오. 팔뚝과 손마디에 닿은 긴장감을 느끼십시오(약 5~7초).

자, 이제 주먹을 펴고 긴장을 푸십시오. 긴장을 풀고 난 다음의 팔뚝과 주먹의 편안해진 감각을 느끼고 시원해져 오는 느낌을 만끽하십시오(약 10~20초).

자, 다시 오른손과 팔뚝을 함께 꽉 조이십시오. 그러면서 손과 팔의 근육에서 느끼는 긴장감에 주목하십시오. 꽉 조

인 손가락 마디마디와 팔뚝에서 느껴지는 감각에 정신을 집
중하시는 것입니다.

자, 이제 손을 완전히 풀어놓으십시오. 그리고 손과 팔뚝
의 풀어진 감각을 느끼십시오. 당신의 손과 팔은 이제 점점
이완되어가고 과거의 어느 때보다 편안한 상태가 되었을 것
입니다. 이것을 연습할 때마다 우리는 아무런 긴장이 없이
점점 더 편안하고 포근한 상태가 될 것입니다.

이러한 절차로 오른쪽 팔꿈치와 어깨까지 편다. 이렇게 오
른쪽 손과 팔을 이완시킨 후에 다른 근육 부분도 같은 방식으
로 훈련한다. 점진적 이완훈련에서 중요한 것은, 머리에서 발
끝까지의 근육들을 차례로 수축시켰다 이완시켰다 하면서 그
차이를 느껴보는 것이다. 다른 근육에 대한 이완훈련은 다음
과 같이 스스로에게 말하면서 할 수 있다.

앞이마와 얼굴 앞부분의 근육을 최대한도로 조이거나 찡
그리십시오. 이제 풀어버리십시오. 앞이마에서 긴장감이
없어지는 것을 느끼실 것입니다.

눈을 꼭 조이면서 감으시고, 코를 조이십시오. 더 조이시
고 거기에 따르는 긴장감을 느끼십시오. 이제 풀어버리십시
오. 눈과 코, 얼굴 전체에 퍼져가는 편안한 상태를 느끼십시

오. 얼굴의 근육을 풀었을 때의 편안한 상태와 아까 꽉 조였을 때의 긴장감의 차이를 느끼게 될 것입니다.

턱을 윗 가슴팍에 밀착시키면서 목 쪽에서 오는 긴장감을 느끼십시오.

양 어깨를 앞으로 힘껏 젖히고 등의 근육이 점점 조여들어 가는 것을 느끼십시오.

배를 안으로 끌어당기고 등뼈까지 밀어붙이십시오. 그리고 뱃가죽이 조여들어 가는 것을 느끼십시오.

오른쪽 넓적다리의 근육을 바짝 조이십시오. 넓적다리의 윗부분과 아랫부분이 서로 꽉 조이도록 하십시오.

근육을 긴장시키고 이완시키는 것은 대체로 2번 정도 반복한다. 근육을 수축시킬 때는 숨을 들이쉰 채 가만히 있고 근육을 풀 때 숨을 내쉰다. 이완훈련을 끝마칠 때는 "하나, 둘, 셋"을 세면서 이전 상태로 돌아온다.

이완훈련은 하루에 2번씩 15분 정도가 적당하다. 보통 두 번째 훈련은 자기 전에 잠자리에서 하는 것이 가장 효과적이다. 이런 이완훈련을 계속하다 보면 몸과 마음이 점점 편안해진다. 또한 이완훈련을 한 다음 적응적 자동적 사고나 타당한 신념을 생각하면 이런 생각들을 훨씬 효과적으로 자신의 정신적 습관으로 만들 수 있다. ◆

3. 인지행동치료 2: 불안과 같이 행복하게 살자(수용전념치료)

　수용-전념치료Acceptance and Commitment Therapy: ACT는 인지행동 치료의 '제3의 흐름'이라 불리는 치료적 접근의 선두에 있는 치료다. ACT는 심리적 유연성을 증진시키는 것을 목표로 한다. 즉, 인간으로서 현재 순간과 온전히 만나고 선택된 가치를 위해 행동을 유지하거나 바꾸는 것을 목표로 한다. 즉, 수용과 변화의 과정으로 요약할 수 있다.

　Accept수용: 기꺼이 경험하라.

　Choose선택: 가치를 선택하라.

　Take action행동 취하기: 행동에 옮겨라.

1) 기꺼이 경험하기(수용)

ACT의 관점에서 보자면, 사회불안은 피하려고 하면 할수록 커진다. 사회불안은 우리가 살아있는 동안 피할 수 없으면서도 필요한 감정이고 피한다고 해서 피해지는 것이 아니다. 또한 누구나 사회불안을 느낀다. 구덩이에 빠진 사람이 나오기 위해 구덩이를 팔수록 더 구덩이에 빠질 뿐이라는 ACT의 유명한 비유처럼, 두려움과 불안은 피하려고 하면 할수록 물귀신처럼 들러붙으면서 더 커진다.

지금까지 당신이 사회불안을 줄이거나 없애기 위해 사용한 방법들을 생각해보자. 당신이 사용한 대처방법은 실제로 어떤

불안 대처방법	손실		이득	
	단기적	장기적	단기적	장기적
발표 수업이 불편해 수강 취소를 했다.	시간표가 엉망이 되었다. 다음 학기의 수업 과정이 더 어려워졌다.	필수 과목인데 듣지 않아 다음 학기부터 수강에 문제가 생김. 전공공부에 어려움이 생김.	불안하지 않고 편안했다.	없다.

득과 손실이 있었는가?

　당신이 처해 있는 상황은 괴물과 줄다리기하는 상황과 유사하다. 당신이 크고 흉측한 불안이라는 괴물과 줄다리기를 하고 있다고 상상해보자. 줄의 한쪽 끝에 당신이 있고, 다른 쪽 끝에 불안 괴물이 있으며, 당신과 괴물 사이에는 깊고 큰 구덩이가 있다. 당신이 괴물과의 줄다리기에서 진다면 그 구덩이에 빠질 것이다. 그래서 당신은 열심히 끌어당긴다. 그런데 당신이 당기면 당길수록 괴물도 더욱 열심히 끌어당긴다. 결국 당신은 구덩이에 점점 더 가까이 가게 된다.

그런데 잠시 멈추어서 생각해보자. 괴물과는 아무리 싸워도 이길 수 없다. 그 상황에서 괴물과 싸우는 것 말고 대안은 없는가? 대안은 이길 수 없는 싸움을 그만두고 밧줄을 놓아버리는 것이다. 줄을 놓았을 때 당신은 오히려 싸움에서 벗어나서 자유로워질 수 있다.

당신은 여태껏 사회불안이라는 괴물과 만나서 싸우든지 도망만 치든지 했다. 사회불안을 통제하거나 없애려고 썼던 모든 방법은 괴물과의 싸움에서 효과가 없다. 그래서 그 싸움은 아직도 계속되고 있다. 이제는 바꾸어야 할 때다. 당신에게는 전환점이 필요하다. 사회불안과 두려움에 대한 대안은 오직 불안과 두려움을 받아들이고 기꺼이 경험하는 것뿐이다. 기꺼이 경험하면서 직면하는 것뿐이다.

헤이스Hayes와 스미스Smith는 기꺼이 경험하기를 손님맞이에 비유하였다(Hayes & Smith, 2005). 당신이 파티를 열려고 친구들을 초대했다고 가정해보자. 모든 친구가 도착하고 즐거운 시간을 보내고 있다. 바로 그때 어떤 사람이 집으로 들어온다. 그 사람은 당신과 심하게 한 번 싸운 적도 있는 말썽꾸러기 친구 '진상이'이다. 그는 당신이 준비한 음식을 게걸스럽게 먹고 있지만, 고맙다는 얘기도 인사도 하지 않는다. '진상이'가 몹시 당신의 신경을 거스르기 시작했다. 당신은 이때 2가지 중 하나를 결정해야 한다. '진상이'를 내쫓을 것인가? 아니면 원하지는 않지만 '진상이'를 기꺼이 받아들이고 파티를 계속할 것인가?

먼저 '진상이'를 내쫓기로 결정하고 그를 내보내려 한다고 가정해보자. 그러면 첫째, 파티는 더 이상 진행되지 못한다. 당신에게 파티는 끝이다. 당신은 오로지 '진상이'를 쫓아내는 데 주력하고 파티를 즐기지 못하고 문 앞에서 시간을 다 보내야 한다. 둘째, 다른 손님들도 이 소동에 영향을 받는다. 그로 인해 파티 분위기가 엉망이 된다.

다음으로, 당신이 원하지는 않지만 '진상이'를 기꺼이 받아들이기로 했다고 가정해보자. 당신은 파티를 즐길 수 있고 문 앞에서 지키는 데서 벗어나 여기저기 자유롭게 다닐 수 있다. 이 비유는 당신이 좋아하지 않는 불안이나 불편한 감정에 대한 것이다. 당신의 집 문 앞에는 수많은 '진상이'가 있을 수 있다.

당신은 없앨 수 없는 사회불안과 두려움을 없애느라 소중한 시간을 낭비하지 말고 기꺼이 받아들여라. 직면 훈련은 수용과 기꺼이 경험하기를 실천할 수 있는 가장 좋은 방법이다. 당신이 불안을 일으키는 상황을 여태껏 피하거나 통제하려고 했다면 내려놓아라. 그 대신 그 상황에 직면해서 불안과 관련된 어떤 생각이나 감정이나 신체적 감각이라도 환영하고 받아들이며 기꺼이 경험해라. 불안을 줄이고 두려운 결과를 막기

괴물과의 줄다리기 (불안의 통제나 회피)	내려놓기 (불안을 수용하고 기꺼이 경험하기)
사회불안을 통제하려고 하거나 없애려고 노력하기	사회불안을 직면하고 있는 그대로 수용하면서 기꺼이 경험하기
주의전환하기, 시선 마주치지 않기, 약물 복용하기	불안감정과 사고에 대해서 아무것도 하지 않기
불안을 경험하는 것에 대해 스스로 탓하기	그런 생각이 든다는 것을 받아들이고 스스로에 대해 인내심 갖기
불안과 싸움을 벌이기	불안과 함께 삶을 살아가기
불안에 대한 신체적 반응을 모니터하면서 불안해하기	신체적 반응을 있는 그대로 관찰하면서 지나가도록 허용하기

위한 어떤 행동도 하지 마라.

그리고 당신은 더 가치 있는 일에 당신의 소중한 시간과 자원을 써라. ACT에 대한 더 깊은 이해를 원하는 독자는 『마음에서 빠져나와 삶 속으로 들어가라』(학지사, 2010)를 참조하면 도움이 될 것이다.

2) 가치 있는 행동에 전념하기(가치와 행동하기)

당신은 이제 효과가 하나도 없었던 사회불안과의 싸움을 내려놓아라. 그 대신 그 상황에 직면해서 불안과 관련된 어떤 생각이나 감정이나 신체적 감각을 수용하며 기꺼이 경험해라.

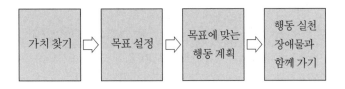

당신은 더 가치 있는 일에 당신의 소중한 시간과 자원을 써라. 다음 단계로 하나씩 실천하면 당신은 당신의 소중한 가치에 부합하는 삶을 살 수 있다.

(1) 진정으로 원하는 나의 가치 찾기

당신이 앞 절의 직면하기의 방법을 통해 더 이상 도망가지 않고 직면하게 되었다면, 이제 어마어마하게 남는 소중한 당신의 시간을 당신이 가치 있다고 생각하는 행동에 전념할 때다. 당신은 당신의 삶에서 무엇이 가장 중요하고 소중하다고 생각하는가? 많은 사람이 단번에 가족과의 관계라고 할 것이다. 그렇다면 다음에는 당신이 가장 가치 있다고 생각하는 가족과의 관계에 얼마나 시간을 쓰고 있는지를 조용히 스스로에게 물어보라. 많은 사람이 가장 소중하고 가치 있다고 생각하는 것보다는 눈앞의 일들에 더 많은 시간을 보내고 있을 것이다. 또한 많은 사람이 자신의 삶에서 무엇이 가장 소중하다고 생각하는 가치인가를 찾기 어려울 수 있다. 그럴 때에는 당신의 삶에서 가장 소중한 가치를 찾아내기 위해 묘비명 쓰기 연습을 해보는 것이 도움이 된다. 사람이 죽으면 묘비에 비문을 새긴다. 당신의 묘비에 어떤 비문이 새겨지기를 원하는가? 잠시 동안 눈을 감고 짧은 비문을 다음의 묘비에 적어보아라.

_____

_____

_____

방금의 연습을 통해 자신의 가치를 찾기 위한 실마리를 얻었을 것이다. 다음 연습을 통해서는 좀 더 구체적이고 체계적으로 당신의 가치를 찾아보자.

첫째, 특정 영역에서 각각 당신의 가치를 가치 칸에 적어보라.

둘째, 특정 영역이 지금 당신에게 얼마나 중요한지를 1~10점

영역	가치	중요도	실천도	생활 차이
부부/커플				
자녀양육하기				
가족관계				
친구/대인 관계				
일/경력				
여가				
종교/영적생활				
건강				
기타				

출처: 『마음에서 빠져나와 삶 속으로 들어가라』(2010)에서 인용.

척도로 점수를 매겨서 중요도 칸에 적어보라.

셋째, 당신의 현재 실제 행동이 어떤지 실천도 칸에 평가해 보라. 1점은 그런 행동을 전혀 하지 않음을 10점은 그런 행동을 매우 잘 하고 있음을 나타낸다.

넷째, 중요도에서 실천도 점수를 빼서 생활차이 칸에 적어보라. 이 점수가 가장 중요한데, 이 점수가 높을수록 당신의 가치와 실제 삶의 모습은 일치하지 않고 있으므로 그 영역에서 더 많은 변화가 필요하다.

(2) 무소의 뿔처럼 담대하게 나아가기

① 지도를 만들자: 목표 설정하기

이제는 당신이 원하는 방향으로 무소의 뿔처럼 담대하게 나아가기만 하면 된다. 헤이스Hayes와 스미스Smith는 『마음에서 빠져나와 삶 속으로 들어가라』(문현미, 민병배 공역, 2010)에서 담대하게 나아가기 단계를 자세히 설명하고 있다. 그들은 가치가 삶의 여정을 인도할 나침판의 방위라면, 목표는 그 방향을 이끌어줄 지도라고 언급하였다. 목표는 인생 여행에서의 중요한 이정표이며, 가치를 실현할 수 있는 실제 수단을 제공한다. 목표를 개발하려면 단기 목표와 장기 목표를 모두 고려해야 한다. 장기 목표와 단기 목표 모두가 있어야 효과적으로 목적지에 도달할 수 있다. 아래의 〈목표 설정표〉를 이용해서 가치에 맞는 목표를 설정해보자.

목표	단기/장기	가치(영역)
헬스클럽에서 러닝머신 하기	단기	건강한 삶을 살기(건강)
새로운 직업 찾기	장기	

② 천리 길도 한 걸음부터: 목표달성을 위한 행동하기

목표는 얼마든지 만들 수 있다. 하지만 당신이 목표를 위해 행동하지 않는다면, 당신의 삶은 하나도 달라지지 않을 것이다. 당신이 원하는 삶을 살기 위해서는 행동이 필요하다. 당신의 목표를 이루기 위해 어떤 행동을 할 것인지를 다음 표를 이용해서 연습해보자.

나의 목표: 헬스클럽에서 러닝머신 하기	
1단계	러닝머신에서 5분 동안 천천히 걷기
2단계	러닝머신에서 15분 동안 천천히 걷기
3단계	러닝머신에서 5분 동안 보통속도로 걷기
4단계	러닝머신에서 15분 동안 보통속도로 걷기
5단계	러닝머신에서 5분 동안 빨리 뛰기
6단계	러닝머신에서 10분 동안 빨리 뛰기

③ 장애물이여 어서 오라: 장애물과 함께 가기

목표를 위해 어떤 행동을 하다 보면 장애물이 나타날 것이다. 목표 행동을 하지 않게 하거나 자꾸 미루게 하는 장애물을 예상해보라. 그 장애물은 힘든 생각, 감정, 신체 감각처럼 내 안의 것일 수 있고 외부 환경이나 사람처럼 외적인 것일 수 있다. ACT에서는 장애물은 피할 수 없는 것이고 극복하거나 우회하지 않는다. '장애물과 함께 간다'. 다시 한 번 '피할 수 없다면 즐겨라' 구절을 떠올리면서 내가 쉽게 바꿀 수 있는 장애물이 있다면 바꾸고 그렇지 않다면 함께 가라. 최종적으로 〈가치 기록지〉를 완성해보자.

가치: _____

목표	행동	장애물	함께 가기 전략

출처: 『마음에서 빠져나와 삶 속으로 들어가라』(2010)에서 인용.

4. 약물치료

사회불안장애에 시달리는 사람뿐만 아니라 다른 장애를 지닌 사람들은 종종 자신을 괴롭히고 있는 심리장애를 순식간에 없애줄 수 있는 약이 있으면 좋겠다고 생각할 것이다. '나의 사회불안장애를 치료하기 위해 약물을 꼭 먹어야 하나?'라는 질문에 대해 마음의 결정을 내려야 할 것이다. 다양한 약물치료의 장점과 단점을 알기 전에 이런 결정을 내리는 것은 쉽지 않다. 이 절에서는 최근 사회불안장애 환자에게 사용되고 있는 약물에 대한 기본적인 정보를 살펴보고자 한다.

사회불안장애나 사회불안으로 고생하는 사람들 중 많은 수의 사람은 약물치료를 받지 않고도 이 장애를 극복한다. 하지만 어떤 사람에게는 약물치료가 효과적일 수 있다. 적절하게만 사용된다면 약물치료는 불안 증상들을 극복하는 데 도움이 되는 좋은 치료기법 중의 하나다.

약물치료를 받기 전에 사회불안장애 환자는 2가지 중요한 결정을 내려야 한다. '내가 약물치료를 받아야만 하는가?' '일단 약물치료를 받기로 결정했다면 어떤 약을 사용해야 하는가?' 우리는 이제 첫 번째 결정과 관련하여 약물치료의 장단점을 살펴볼 것이다. 그리고 두 번째 결정과 관련해서는 사회불안장애와 관련된 약물들을 간단히 살펴본다.

1) 약물치료의 장단점

약물치료는 다른 심리치료와 비교해볼 때 상대적으로 노력이 적게 든다. 사회불안장애 증상이 자주 나타나지 않는 사람에게는 적은 시간과 노력으로 문제를 해결할 수 있다. 또한 약은 구하기가 쉽다는 장점이 있다. 특히 약물치료는 특정한 신체적 증상을 일시적으로 감소시키는 데 효과가 있다.

약물치료가 지닌 단점 중에 하나는 두려움과 관련된 증상을 회피하는 수단으로 약물이 이용될 수 있다는 점이다. 심리치료의 중요한 핵심은 이런 두려움을 피하지 않도록 하는 것이다. 공포증이 있는 사람은 자신이 두려워하는 대상에 직면하고 이와 관련된 불안을 다루는 법을 학습함으로써 장애를 극복할 수 있다. 약을 복용하면 땀이 많이 나는 것을 감소시킬 수는 있지만 동시에 땀이 많이 나는 것을 참는 것을 배우는 것도 중요하다. 만일 약물을 복용해서 불편한 증상들을 계속 회피하고자 한다면 장애를 극복하는 데 오히려 해가 될 수 있다. 심리치료의 모든 단계를 하나하나씩 따라 하는 것보다 약통에서 약을 꺼내 먹는 것이 편한 건 사실이다. 하지만 두려움과 불안에 대한 사고를 변화시키지 않고 단지 약물만 복용하는 것은 증상을 일시적으로 감소시키거나 완화시킬 뿐이다.

두 번째 단점은 약물치료가 대인관계 기술을 가르치거나 자신감을 심어주지는 못한다는 것이다. 단지 약물에만 의존하게 되면 재발할 가능성이 많다. 특히 사회불안장애를 극복할 수 있는 방법들을 미처 습득하지 못한 채로 약물을 중단한다면 더욱 그러할 것이다.

세 번째는 약물의 부작용이다. 사회불안장애를 극복할 수 있는 다른 방법들을 배우지 못한다면 영원히 약을 먹어야 될지도 모른다. 또한 약물을 오랫동안 복용할 경우 어떤 부작용이 나타나는지도 아직 모른다. 더구나 단기간의 약물 복용으로도 부작용을 일으키는 사람도 있다.

사회불안장애를 극복하기 위해서 모든 사람이 다 약물치료가 필요한 것은 아니다. 또한 앞에서 말했듯이 약물치료는 장점과 단점을 가지고 있다. 따라서 약물을 사용할 것인가에 대한 결정은 의사의 제안에 기반을 두어 정해야 할 것이다.

2) 약물의 종류

다음에 소개될 약물 중 일부는 사회불안장애만을 위한 것
도 있고, 다른 형태의 불안을 치료하기 위한 것도 있다.

(1) 베타블로커

특정한 수행불안의 치료에 효과적인 베타블로커beta-blockers
는 원래 고혈압이나 가슴의 통증에 사용되는 약물이다. 따라
서 사용 전에 환자의 심장에 문제가 없는지 점검해야 한다. 베
타블로커는 빠른 심장박동, 적면, 발한 등의 불안 증상을 감소
시키는 약효를 지니고 있다. 무대공포가 있는 사람들에게서
흔히 보이는 이러한 증상에는 베타블로커의 효과가 크다. 흔
히 처방되는 베타블로커에는 프로프라놀롤propranolol과 아테놀
롤atenolol이 있다.

한편, 베타블로커의 부작용을 보면 가장 흔한 것이 피로감
이다. 이 약을 지나치게 많이 복용하게 되면 혈압과 맥박이 지
나치게 낮아질 수 있다. 이보다는 흔하지 않지만 우울증이나
발기불능이 일어나기도 한다.

(2) MAO 억제제

MAO 억제제를 사회불안장애 환자에게 적용시킨 연구결과

는 매우 제한되어 있지만 최근 들어 증가 추세에 있다. 원래이 약은 우울증 치료에 효과적임이 밝혀졌다. 어떤 우울증 환자에게는 이 약이 대인관계 시의 민감성을 감소시키는 데 효과가 있다는 연구결과가 있다. 이 점은 사회불안장애에도 적용될 수 있다.

또 다른 연구들은 MAO 억제제인 페넬진phenelzine이 특정한불안을 감소시킨다고 보고하였다. 하지만 이런 연구들의 대부분은 오직 사회불안장애 환자를 대상으로 이루어지기보다는광장공포증 환자도 포함하고 있어서 분명한 결론을 내리기 어렵다. 하지만 한 연구에 따르면, 베타블로커인 아테놀롤이 특정 사회불안장애에 효과적인 데 반해, 페넬진은 일반화된 사회불안장애에 보다 효과적이라고 한다.

한편, 이 약을 복용하는 동안에는 음식을 조절해야 하기 때문에 어떤 의사들은 MAO 억제제의 처방을 싫어한다. 또한 약을 중단한 후에도 2주 동안은 음식을 조심해야 한다. 교감신경계에 흥분작용을 하는 티라민이 많이 포함된 육류, 어패류, 바나나, 치즈피자도 포함된다, 요거트, 맥주나 주류, 간장, 과량의커피나 초콜릿, 흡연 등을 기준량 이상 먹게 되면 MAO 억제제와 티라민의 복합적인 효과로 인해 혈압이 급격히 상승하여심한 두통이 생길 수 있고, 심하면 생명을 잃을 수도 있다. 따라서 이런 음식은 절대 섭취하면 안 된다.

보다 빈번한 부작용으로는 자세를 갑자기 바꿨을 때 약간의 어지러움증과 현기증이 느껴지는 저혈압 증상이 있다. 그 밖의 부작용으로는 위장장애, 식욕 변화, 성기능 장애 등이 있다. 또한 심한 흉부 통증, 동공확대, 두통, 빛에 대한 눈의 민감성 증가, 구토, 심한 발한 등도 포함된다.

(3) 벤조디아제핀

벤조디아제핀benzodiazepines은 비교적 근래에 사회불안장애 치료제로 사용되고 있다. 이 약은 종종 항불안제로 불리며 여러 약물의 혼합으로 이루어져 있다. 한 연구자는 일반화된 사회불안장애 환자를 대상으로 한 약물치료에서 MAO 억제제가 효과가 없으면 벤조디아제핀을 사용할 것을 권장하였다. 어떤 환자들에게는 이 약이 초기 불안 증상을 극복하도록 도와주는 것 같다.

벤조디아제핀은 임상적으로 불안 감소, 수면, 간질 억제, 근육이완, 마취 등의 효과가 있다. 이 약물은 벤조디아제핀 수용기와 결합하는데, 이 수용기는 중추신경계에 고루 퍼져 있으며 불안 조절과 관련된 GABA라는 억제 신경전달물질과 유사한 효과를 지니고 있다.

벤조디아제핀의 가장 흔한 부작용은 졸음증이다. 이런 이유로 졸음을 점차 극복하기 위해서 처음에는 조금만 복용하게 한다. 신체가 이 약에 적응하기 전까지는 높은 흥분수준을 요구하는 활동이나 빠른 판단, 운전이나 기계 조작 같은 활동은 피해야 한다. 많은 양을 복용하면 몸이 둔해지는 것을 느끼게 된다. 또 다른 부작용으로는 어지럼증, 두통, 근육이완, 피곤함, 입이 마름, 구토 등이 있다. 월경불순이나 성기능의 문제를 유발할 수도 있다.

무엇보다도 가장 큰 문제점은 이 약은 중독성이 있다는 것이다. 하지만 알코올에 비하면 그 정도가 약하다. 만일 약물이나 알코올 남용의 경험이 있다면 약을 처방받을 때 약물의존에 관해 다루어야 한다.

(4) 삼환계 항우울제

이 약은 종종 공황장애와 광장공포증 등 다른 불안장애의 치료에 사용되어 왔다. 삼환계 항우울제 가운데 임프라민을 이용한 연구가 가장 많다. 삼환계 항우울제는 특정 신경전달물질의 재흡수를 막아서 수용기에 보다 잘 전달시키는 역할을 한다. 흔한 부작용으로는 흐릿하게 보이는 것, 입이 마르는 것, 변비 등이 있다.

(5) 아자스피론

이 약물의 보다 정확한 이름은 아자스피론데카네디온

azaspirondecanediones이다. 현재 버스피론buspirone이라고 불리는 약물에 대해 가장 많은 연구가 이루어지고 있는데, 이것의 약리적인 기제는 알려져 있지 않다. 버스피론의 장점은 약물남용의 가능성이 적고 상대적으로 거의 부작용이 없다는 점이다. 벤조디아제핀에 비해 불안 증상을 감소시키는 효과가 크지만 그 밖의 효과는 떨어진다.

버스피론의 효과에 대한 연구결과들은 일관되지 않다. 한 연구는 벤조디아제핀을 복용한 환자에게는 이 약이 별로 효과가 없다고 하였다. 반면, 다른 연구는 여러 사회불안장애 환자가 버스피론 효과를 입증하였지만 이것이 사회불안장애 치료에 MAO 억제제만큼이나 효과가 있는 것 같지는 않다고 하였다. 아직 제대로 된 연구가 이루어지지 않은 시점에서 사회불안장애 치료에 이 약을 추천하는 것은 시기상조인 듯하다. ◈

5. 나를 있는 그대로 사랑하자

부정적인 자기개념은 사회불안장애의 핵심적인 역기능적 신념이다. 또한 사회불안장애 치료의 궁극적인 목표는 다른 사람들의 평가나 인정에 지나치게 의존하지 않는 건강한 자기개념을 정립하는 것이다. 이런 점을 고려해볼 때 사회불안장애를 근본적으로 치료하고 재발을 방지하기 위해서는 부정적인 자기개념을 수정하고 건강한 자기개념을 정립해야 한다.

부정적인 자기개념을 바꾸는 방법은 역기능적 신념의 타당성, 유용성, 현실성을 검토해보는 방법과 행동실험법 등이 있다. 하지만 누구나 현실적이고 타당한 결점이나 문제점이 있을 수 있다. 그렇기 때문에 부정적인 자기개념을 수정하고 건강한 자기개념을 정립하기 위해서는 앞에서 살펴본 방법에 덧붙여 새로운 대안이 필요하다. 그것은 바로 자신을 있는 그대로 인정하고 수용하는 것이다.

우리 스스로가 자신의 가치를 인정하기 위해서는 체계적이고 점진적인 노력과 훈련이 필요하다. 임상심리학자인 비레다Bireda는 『사랑 중독증Love addiction』(1990)이란 책을 통해 자기가치를 인정하려면 어떠한 노력을 해야 하는지를 제시하였다. 이런 방법을 통해 자신을 객관적으로 살펴보고, 자신의 장점을 인정하면서 더욱 발전시켜나가야 한다. 또한 자신의 단점은 파악해서 그중 바꿀 수 있는 부분은 바꾸기 위해 노력하고 바꿀 수 없는 부분은 자신의 한 부분으로 받아들일 수 있도록 노력하는 것이 필요하다. 자, 그럼 비레다가 제시하고 있는 자기가치 인정 과정을 살펴보기로 하자.

건강한 자존감을 만들고 유지할 수 있는 핵심은 나 자신을 사랑하는 데 있다. 자신을 사랑하는 것이 바로 자기가치를 인정하는 것이다. 상대방의 평가나 인정에 지나치게 몰두하고 있는 사람은 다른 사람으로부터 인정을 추구하도록 습관화되었다고 할 수 있다. 이런 경우에는 상대방으로부터 인정을 받고 있을 때에만 자신을 인정하고 수용하게 된다. 하지만 여기서는 타인의 인정을 구하기보다 스스로 자신의 가치를 인정해주는 것을 강조한다. 즉, 자기 자신을 있는 그대로 받아들이고 사랑하는 것이 중요하다.

1) 자신을 수용하고 인정하기

자기의 가치를 인정하는 것은 자신을 수용하고 인정하는 것이다. 자신에게 필요한 것을 타인에게 구하고 기대하는 것이 아니라 스스로 찾는 것을 배우는 것이다. 자신을 인정하는 것을 배워감에 따라 자신과 타인에 대해서 가지고 있는 잘못된 신념들이 사라지게 된다.

자신의 가치를 인정하는 것을 배우는 것은 결코 쉽지 않다. 그것은 결단과 훈련을 필요로 한다. 이 과정을 시작하기 전에 다음을 기억하라.

먼저, 지금 자신이 가지고 있는 잘못된 신념체계를 이해하라. 타인으로부터 인정을 추구하는 것은 자신이 무가치하고 사랑받을 만하지 않다고 생각하는 것을 의미한다. 타인에게 인정받아야만 행복하고 그러한 인정을 받으려면 남들에게 완벽한 모습을 보여주어야 한다는 신념체계하에서는, 내가 사랑받을 만하다고 생각하게끔 하는 것은 나 이외의 다른 사람이다.

이런 생각을 자신의 인생에 적용하고 있다는 사실을 의식적으로 받아들이기란 쉽지 않다. 그러나 당신이 다른 사람들의 평가에 과도하게 반응하고 있다면 당신은 타인으로부터 인정을 추구하고 있다고 볼 수 있다. 스스로를 인정하는 것을 배우기 위해서는, 자신이 무가치하고 애정을 받을 만하지 않다는 잘못된 신념을 인식하고 그것에 스스로 반박해야만 한다.

둘째, 자기를 사랑하는 것은 이기적인 것이라고 배워왔다면, 그 모든 것을 잊어버려라. 건강한 자기애는 개인이 바랄 수 있는 가장 바람직한 상태다. 그것은 이기적이거나 자기도취적인 것이 아니다. 이기적이거나 자기도취적인 것은 오히려 정말로 자신을 사랑하지 않는 부정적인 상태라고 할 수 있다. 스스로를 인정하려면 자기애는 긍정적이고 건강한 인간 속성임을 받아들여야 한다.

셋째, 자신을 인정하는 것은 오직 자신의 책임이라는 것을 이해하라. 아무도 영구적으로 당신을 수용하고 인정해줄 수 없다. 자신의 가치를 인정하는 것을 배우려면, 자신을 인정하고 사랑해줄 누군가를 찾는 것을 포기하고, 자신을 인정하고 사랑하는 것에 스스로 책임을 져야 한다.

넷째, 자기가치 인정 과정에 대한 신뢰를 가져라. 자신을 사랑하고 인정하는 것을 배우기로 결심했다면 이것을 지속적으로 연습하라. 참을성을 가지고 차츰 발현되어가는 진정한 나를 바라보라. 자신을 사랑하는 것을 배우게 되면 당신이 바라는 다른 사람과 관계를 맺는 것이 더 쉬워지게 될 것이다.

2) 자기가치 인정 과정

자기가치 인정 과정은 자신을 수용하기, 자신을 인정하기, 자신을 향한 애정을 행동으로 옮기기 등 세 단계로 이루어져 있다. 이 과정에서는 반드시 모든 단계를 완성해야 한다. 이 절에 포함되어 있는 단계와 연습은 사회불안장애가 있는 사람이 가지고 있는 잘못된 생각을 인식하고 반박하기, 자기애를 긍정적으로 받아들이기, 자신을 사랑하는 책임이 자기에게 있음을 수용하기 등을 돕기 위해 고안된 것이다.

(1) 자신을 수용하기

자기수용은 변화를 위해 필수적인 전제조건이며, 자기애를 향한 문을 열어주는 열쇠다. 자신을 수용하고 지금의 모습을 수용하는 것을 배우기 전에는 앞으로 나아갈 수 없다. 당신은 현재보다 더 유능한 자신의 모습을 쉽게 받아들일 수 있는 것처럼, 자신이 원하는 모습보다 조금 부족한 자신의 모습도 기꺼이 수용해야만 한다. 당신이 되기를 원하는 이상적인 자신의 모습을 쉽게 수용하는 것처럼 현재 있는 그대로의 당신 자신을 수용해야 한다. 이러한 자기수용의 의미가 당신이 현재보다 더 나아지기를 바라지 않는다는 뜻은 아니다. 단지 현재 이 시점에서 진정한 당신 자신을 수용하는 것이다.

A: 당신의 결점이나 부족한 부분이라고 여겨지는 특성들을 열거해보라. 당신의 신체적인 모습에서의 '결점'예: 살찐 허벅지 혹은 거친 피부과 당신의 성격에서의 '결점'예: 소심함, 너무 예민함, 게으름에 대해서 생각해보라. 이 연습은 자신의 부정적인 특성을 살펴보는 것이기 때문에 처음에는 다소 힘이 들 것이다. 그러나 이것은 자기발견 과정의 필수적인 부분이다. 자신을 존중하고 사랑하기 위해서는 현재의 모습을 정확하게 수용하고 인정해야만 한다.

B: 자신의 부정적인 특성이라고 여겨지는 것을 열거했다면, 노력하면 바꿀 수 있는 결점과 바꿀 수 없는 결점을 나누어보자. 바꿀 수 있는 결점은 바꾸어보도록 노력하고 바꿀 수 없는 결점은 자신의 일부분으로 수용하는 노력을 해야 한다. 열거된 각각의 부정적인 특성에 대해서 다음과 같이 써보라. "나는 내 [부정적인 특성]을 수용한다. 그것은 나의 일부분이다. 나는 나의 모든 면을 수용한다."

C: 매일 '나는 현재의 모습 그대로 나 자신을 수용한다'와 같이 자기수용 문장을 반복하고, B부분의 목록에서 기술한 한 개의 결점을 선택하여 반복해서 연습한다. 매일

적어도 세 차례씩 자기수용 진술을 10번씩 소리 내어 말하라. 특히 아침에 일어났을 때와 잠자리에 들 때 말하라. 이 연습을 한 달 동안 매일 반복하라. 그다음에도 자신에 대해서 만족하지 못할 때나 다른 사람에게 지나치게 인정받으려고 한다고 느꼈을 때 필요하다면 자주 반복하라.

D: B부분의 목록 중 바꿀 수 있는 결점은 바꾸도록 단계적이고 점진적으로 노력해보자. 예를 들면, 아침에 늦게 일어나는 결점은 앞에서 배운 사회불안장애의 단계표에 따라 변화를 위한 노력의 단계를 세분화하여 하나씩 시도해볼 수 있다. 이렇게 단계적이고 점진적으로 시도해보면 변화를 위한 노력을 하기가 훨씬 쉬워진다. 또한 이런 작은 성취를 통해 성취감을 느낄 수 있고 이런 것들이 쌓이게 되면 자존감도 높아진다.

(2) 자신의 진가를 인식하기

자기발견은 자신의 진가를 인식하는 데 필요한 열쇠다. 당신이 지니고 있는 독특하거나 특별한 자질을 인식하는 것이 자기가치를 인정하는 핵심이다. 자신의 진가를 인식하게 되면 자신의 장점에 초점을 맞추게 될 것이다. 목표는 완벽을 추구

하는 것이 아니라 긍정적인 부분을 발견하고 이를 인정하는
데 있다.

A: 자신이 독특하고 특별한 사람이라는 점을 인식하고 여
   기에 초점을 맞춤으로써 자신을 인정하는 것을 배울 수
   있다. 당신의 장점과 강점을 열거해보라. 인생에서 당신
   이 거둔 성공에 대해 생각해보라. 당신의 특별한 적성·
   능력·기술, 당신의 지적인 강점, 당신이 받은 교육과
   훈련, 당신의 신체적 및 성격적 장점 등 자신을 칭찬하는
   데 관대하라.

B: 당신이 기술한 목록에서 당신의 장점을 3가지만 선택하
   라. 각 장점마다 "나는 ~이다/나는 ~가 있다"와 같이
   써보라. 이 문장을 작은 카드에 적어서 가지고 다니면서
   매일 50~100번씩 일주일 동안 반복해보라. 다음 주에
   는 다른 3가지 장점을 선택해서 같은 방법으로 계속한
   다. 당신의 모습과 당신이 성취한 것에 상당한 기쁨을 느
   낄 때까지 이 문장을 계속 반복한다.

(3) 자신을 향한 사랑을 행동으로 옮기기

자기에 대한 사랑을 행동으로 표현하는 것이 자기가치 인

정 과정의 마지막 단계다. 행동을 통해 당신은 자신의 행복을 향한 관심과 존중을 나타낼 수 있다. 당신은 자신의 긍정적인 면에 대해 말하거나 긍정적인 특성을 자신에게 부여하는 방식으로 자기애를 표현할 수 있다.

당신이 되기를 원하는 건강한 사람처럼 행동해보라. 그러면 자기애를 표현하는 방식으로 자신을 대하는 것이 더 이상 연극이 아니라는 것을 발견하게 될 것이다. 그러한 것은 바로 당신의 일부분이다. 또한 당신을 대하는 방법을 다른 사람에게도 가르쳐야 한다. 당신이 스스로에게 사랑하고 존중하는 방식으로 행동한다면, 다른 사람들도 당신을 존중하고 관심을 보일 만한 가치가 있는 사람으로 대할 것이다.

A: 다음에 자기인정 진술들이 제시되어 있다. 한 가지를 선택하여 한 달 동안 매일 20번씩 쓴다. 다음 달에는 다른 문장을 선택해서 동일한 방법으로 한다. 작은 카드에 써 가지고 다니면서 한 달 동안 하루에 약 50~100번 정도 반복하라. 다음 달에는 다른 문장을 선택해서 반복하며 같은 방법으로 계속해나간다. 그것을 정말 그렇다고 가슴으로 느끼고 완전히 받아들이게 될 때까지 자기인정 문장을 쓰고 반복하라.

1. 나는 나 자신을 완전히 사랑하고 수용한다.

2. 나는 조건 없이 자신을 수용한다.

3. 나는 나 자신을 인정한다.

4. 나는 현재의 내 모습 그대로 충분하다.

5. 나는 현재의 내 모습 그대로를 사랑한다.

6. 나는 독특하고 특별한 사람이다.

7. 나는 어느 누구와도 나를 바꾸지 않을 것이다.

8. [당신의 이름], 나는 지금 그대로의 너를 사랑한다.

9. [당신의 이름], 나는 지금 그대로의 너를 수용한다.

10. [당신의 이름], 나는 지금 그대로의 너를 인정한다.

11. 나는 이미 나 자신이 괜찮은 사람임을 입증해왔다.

12. 나는 사랑받을 만하다.

13. 나는 사랑받을 만한 가치가 있다.

14. 나는 나를 인정하기 위해서 누구도 필요하지 않다. 나는 나 자신을 인정한다.

B: 상대방의 인정이나 평가에 지나치게 몰두하고 있는 자신의 감정 상태를 기술하는 형용사 목록들이 다음에 제시되어 있다. 최근에 사회불안을 느꼈던 상황을 생각해보고 다른 사람들에게 당신이 어떻게 보이기를 원하는지를 가장 잘 기술해주는 형용사에 표시하라. 적절한 형

용사가 없다면 첨가할 수 있다.

1. 가치 있는
2. 사랑스러운
3. 유능한
4. 자신감 있는
5. 인정받는
6. 소중히 여김 받는
7. 특별한
8. 중요한
9. 수용되는
10. 필요한

이러한 느낌을 상대방으로부터 느끼지 못할 때는 어떻게 스스로 이러한 감정을 느끼게 할 수 있을까? 몇 개의 형용사를 써보고, 자신이 이를 느끼도록 할 수 있는 방법에 대해서 생각해보자.

C: 당신은 언제나 상대방이 당신을 인정해주고 사랑해주기만을 바란다. 이제부터는 다른 사람이 당신에게 해주기를 바라는 것을 자신에게 해주라. 언어적인 칭찬이나 사

려 깊은 행동을 '선물'로 자신에게 주면서 시작해보라. 당신은 신체적인 방법으로운동, 적절한 식사, 사우나, 정신적인 방법으로자기인정 문장을 쓰고 반복해서 읽기, 혹은 정서적으로열 중하여 자신을 사랑함으로써 자신에게 줄 수 있다. 매일, 매주, 매달, 매 6개월, 올해 및 3~5년 이내에 자신에게 줄 선물을 구체적으로 계획해보자. 부디 자신에게 관대해져라!

3) 자존감 높이기

자신을 더욱더 인정하게 됨에 따라 자존감이 증가하는 것을 느끼게 될 것이다. 또한 자신에 대해서 긍정적인 진술을 표현하고 자신에게 애정을 주고받는 것이 더 편안하게 느껴질 것이다.

자기가치 인정 과정에 있는 모든 단계를 마친 후, 당신에게 해당될 수 있는 문장에 표시를 하시오.

자신을 인정하는 것을 배워감에 따라, 나는 다음과 같은 것을 더 자주 경험하고 있다:

1. 나는 내가 완벽하지 않다는 것을 받아들인다.

2. 나는 완벽해지려고 분투하지 않는다. 나는 내가 할 수 있는 한 최선을 다한다.

3. 나는 내가 '충분히 괜찮다'고 느끼고 있다.

4. 나는 내 독특함을 인정한다.

5. 나는 내 장점을 인정한다.

6. 나는 내 단점을 인식하고, 바꿀 수 없는 나의 단점은 수용한다.

7. 나는 나 자신을 칭찬한다.

8. 나는 나를 위해 좋은 일을 한다.

9. 나는 스스로 즐거움을 느낄 수 있다.

10. 나는 나 자신에게 만족한다.

만일 자신에게서 발견한 긍정적인 자질을 다른 사람들이 인식하지 못했다면 어떻게 하겠는가? "다른 사람들은 나를 제대로 알아보지 못하지만 나에게는 나만의 독특한 장점이 있다"라고 말할 수 있는 정도로 자기가치를 인정하라. 당신은 자신에 대해서 만족스럽게 느끼기 위해 더 이상 다른 사람의 인정이나 수용을 필요로 하지 않는다. 자신을 사랑하는 것은 완전히 당신의 몫이다. ◆

6. 일시적 퇴보에 대처하기

사회불안장애를 극복하기 위한 과정에서 나타나는 일시적 퇴보는 당연하고 자연스러운 과정이다. 앞에서 제시했던 많은 방법을 점진적으로 꾸준히 실천하면 사회불안 증상이 많이 완화되고 사회적 상황에서 훨씬 편하게 느낄 수 있을 것이다.

한 가지 기억해야 할 중요한 사실은, 이렇게 좋아지는 것이 항상 계속되지는 않는다는 것이다. 사회불안 증상은 좋아지는 방향으로 변화되기도 하지만 그 반대로 변화되기도 한다.

이때 많은 사람이 다음과 같은 자동적 생각들을 떠올리면서 실망하고 좌절한다. '노력했는데 다시 처음으로 돌아갔어' '이렇게 다시 나빠지는 것을 보면 나의 사회불안장애는 고칠 수 없는 거야.'

하지만 당신이 다시 사회적 상황에서 불안해졌다고 할지라도, 이것이 노력하기 이전의 수준으로 돌아가는 것은 아니다.

잠시 나빠졌을 뿐이다. 그리고 당신은 이미 사회불안 증상을 완화시킬 수 있는 방법을 잘 알고 있기 때문에 다시 좋아지게 할 수 있다. 꾸준히 사회불안 증상을 극복하기 위해 노력한다면 중간 중간 일시적 퇴보가 있을지라도 전체적으로 반드시 좋아지는 쪽으로 변화한다.

일시적 퇴보가 있을 때 이것을 새로운 학습의 기회로 활용하자. 앞에서 사회불안장애를 완화시키기 위해 배웠던 것을 정리해보고, 다시 두려운 상황에 부딪치는 연습을 해보자. 이런 기회를 통해 내가 무엇 때문에 나빠졌는지를 알게 되면 앞으로 닥칠 유사한 어려움에 대해 더 잘 대처할 수 있게 계획을 세울 수 있을 것이다. 이런 일시적 퇴보에 다음과 같이 대처할 수 있다.

1) 일시적 퇴보를 알려주는 경고신호 파악하기

일시적 퇴보에 가장 잘 대처하기 위해 첫 번째로 해야 될 일은 일시적 퇴보가 있다는 것을 알려주는 경고신호를 파악하는 것이다. 흔히 있는 일시적 퇴보의 경고신호에는 다음과 같은 것이 있다.

• 이전에 두려웠던 사회적 상황에 처했을 때 불안의 신체

적 증상들이 더 많이 나타난다.

- 부적응적이고 자동적 생각들이 더 많이 떠오른다.
- 사회적 상황을 피하는 횟수가 늘어난다.
- 약물 사용이나 우울증 같은 이전의 문제가 악화되거나 새로운 문제가 생겨난다.
- 다른 사람들이 나를 어떻게 생각하는지 걱정하는 데 보내는 시간이 많아진다.

2) 어느 단계에서 훈련을 중단했는지 알아내기

경고신호를 파악했다면, 다음 단계는 훈련하기를 중단한 단계를 찾아낸다. 예를 들면, 잘못된 생각을 찾아내서 타당한 생각으로 바꾸는 단계에서 게을러졌을 수 있다. 또는 두려운 상황에 부딪쳐보는 직면 훈련을 소홀히 했거나, 두려운 사회적 상황에서 안전행동을 하지 않는 훈련을 소홀히 했을 수 있다. 이 경우에는 다시 훈련할 필요가 있는 단계들을 목록으로 만들어본다.

3) 새로운 훈련 계획 만들기

다시 훈련할 필요가 있는 목록들을 살펴보면서 어떤 훈련을 할지 결정해야 한다. 예를 들면, 중단했던 잘못된 사고방식과 신념을 바꾸는 훈련을 계획할 수 있다. 또는 중단했던 직면훈련을 다시 시작하거나 직면하는 횟수를 늘릴 수 있다.

연습할 새로운 훈련을 계획하는 것 이외에, 재발에 대처하기 위해 부적응적인 자동적 생각을 적응적인 자동적 생각으로 바꿀 수 있다. 즉, 무력감만 쌓이게 하는 부정적인 자동적 생각 대신에, 내가 바꿀 필요가 있는 생각들에서 일시적 퇴보가 일어났다는 식의 적응적인 자동적 생각으로 바꾸자. 예를 들면 다시 나빠지고 있어. 이제 다시 좋아질 수 없어'끔찍하게 다시 나빠졌어. 이젠 더 이상 어떻게 할 수 없어'와 같은 생각 대신에 '이번 실패를 이전에 배운 것을 다시 복습하는 기회로 삼자'일시적 퇴보는 얼마든지 있을 수 있어. 나는 어떻게 하면 나아지는지를 알고 있으니 다시 노력하면 좋아질 거야'와 같은 생각으로 바꿀 수 있다. ◆

참고문헌

김은정(1999). 사회불안장애의 사회적 자기처리 및 안전행동. 미발표. 서울 대학교 박사학위 청구논문.

김은정, 원호택(1997). 대인불안의 모델들: 개관. 심리과학, 6, 109-130.

뮤셔워, 김은서 공역(2009). 수용과 참여의 심리치료. 서울: 시그마프레스.

문현미, 민병배 공역(2010). 마음에서 빠져나와 삶 속으로 들어가라-새로운 수용전념치료-[*Get Out of Your Mind & Into Your Life*]. (Steven C. Hayes & Spencer Smith 공저). 서울: 학지사. (원전 은 2005년에 출간)

이정윤(1996). 사회불안장애에 대한 인지행동치료와 직면치료의 효과연구. 연세대학교 박사학위 청구논문.

조용래(1998). 역기능적 신념과 부적응적인 자동적 사고가 사회불안장애에 미치는 영향. 미발표. 박사학위 청구논문.

조용래, 김은정, 원호택(1997). 대인불안에 대한 인지적 평가(II): 한국판 사회적 상호작용에 대한 자기 진술 검사의 신뢰도와 타당도에 관한 연구. 한국심리학회지: 임상, 16(2), 233-249.

Beck, J. S. (1995). *Cognitive therapy for depression and anxiety: basics and beyond.* New York: Guilford Press.

Beck, A. T., Emery, G., & Greenberg, R. L. (1985). *Anxiety disorders and phobias: A cognitive perspective.* New York: Basic

Books.

Beidel, D. C., & Turner, S. M. (1998). *Shy children, phobic adult.* Washington, DC: American Psychological Association.

Bireda, M. R. (1990). *Love addiction: A guide to emotional independence.* New Harbinger Publications.

Bourne, E. J. (1995). *The anxiety and phobia workbook.* Oakland, California: New Habinger Publications.

Clark, D. M., & Wells, A. (1995). A cognitive model of social phobia. In R. G. Heimberg, M. R. Liebowitz, D. A. Hope, & F. R. Schneier (Eds.), *Social phobia: Diagnosis, assessment, and treatment* (pp. 69–93). New York: The Guilford Press.

Heimberg, R. G. (1989). Cognitive and behavioral treatments for social phobia: A critical analysis. *Clinical Psychology Review, 9,* 107–128.

Heimberg, R. G. (1994). Cognitive assessment strategies and the measurement of outcome of treatment for social phobia. *Behaviour Research and Therapy, 32,* 269–280.

Heimberg, R. G., Liebowitz, M. R., Hope, D. A., & Schneier, F. R. (1995). *Social phobia: Diagnosis, assessment and treatment* (pp. 3–20). New York: Guilford Press.

Hope, D. A. (1990). Cognitive-behavioral group treatment for social phobia: How important is the cognitive component? Unpublished Doctoral Dissertation.

Hope, D. A., Heimberg, R. G., & Bruch, M. A. (1995). Dismantling cognitive-behavioral group therapy for social phobia. *Behaviour Research and Therapy, 33,* 637–650.

Wells, A. (1997). *Cognitive therapy of anxiety disorders: A practice manual and conceptual guide*. Chichester, UK: Wiley.

더 읽을거리

권정혜 역(1998). 기분 다스리기. 서울: 학지사

권정혜, 이정윤, 조선미(1998). 수줍음도 지나치면 병. 서울: 학지사.

원호택, 박현순, 신경진, 이훈진, 조용래, 신현균, 김은정 공역(1996). 우울증의 인지치료. 서울: 학지사.

최영희, 유은승, 최지환 공역(2012). 수용전념치료 배우기. 서울: 학지사.

찾아보기

◎ 저자 소개

김은정(Eunjung Kim)
서울대학교 영문학과를 졸업하고 동 대학원에서 임상심리학 전공으로 석사학위와 박사학위를 받았다. 서울대학교병원 정신의학과에서 임상심리학 수련과정을 수료하였고, 삼성 사회정신건강연구소 선임연구원으로 근무하였으며, 현재 아주대학교 심리학과 교수 및 아주학생상담센터장으로 재직하고 있다. 임상심리전문가, 정신보건임상심리사, 인지행동치료전문가이며 아주심리상담센터장, 한국임상심리학회 부회장 등을 역임하였다. 주요 저서로는 『사회공포증』『특정공포증』(공저), 『학대받은 아동·청소년을 위한 인지행동치료』(공저), 『심리장애의 인지행동적 접근』(공저) 등이 있으며, 주요 역서로는 『인지행동치료 핸드북』(공역), 『임상심리학』(공역), 『건강심리학』(공역), 『놀이치료의 기초』『놀이치료 사례집』(공역), 『모래놀이치료 핸드북』(공역) 등이 있다.

ABNORMAL PSYCHOLOGY 7

사회불안장애 남 앞에 나서기가 힘들어요

Social anxiety disorder

2016년 5월 20일 1판 1쇄 발행
2024년 8월 20일 1판 4쇄 발행

지은이 • 김 은 정
펴낸이 • 김 진 환

펴낸곳 • (주) **학지사**

　　　　04031 서울특별시 마포구 양화로 15길 20 마인드월드빌딩 5층

대표전화 • 02) 330-5114　　팩스 • 02) 324-2345

등록번호 • 제313-2006-000265호

홈페이지 • http://www.hakjisa.co.kr
인스타그램 • https://www.instagram.com/hakjisabook

ISBN 978-89-997-1007-0 94180
　　　978-89-997-1000-1 (set)

정가 **9,500원**

저자와의 협약으로 인지는 생략합니다.
파본은 구입처에서 교환하여 드립니다.

이 책을 무단으로 전재하거나 복제할 경우 저작권법에 따라 처벌을 받게 됩니다.

출판미디어기업 학지사

간호보건의학출판 **학지사메디컬** www.hakjisamd.co.kr
심리검사연구소 **인싸이트** www.inpsyt.co.kr
학술논문서비스 **뉴논문** www.newnonmun.com
원격교육연수원 **카운피아** www.counpia.com
대학교재전자책플랫폼 **캠퍼스북** www.campusbook.co.kr